HISTÓRIA DE UM MASSACRE
CASA DE DETENÇÃO DE SÃO PAULO

EDITORA AFILIADA

Dados Internacionais de Catalogação na Publicação (CIP)
(Câmara Brasileira do Livro, SP, Brasil)

Machado, Marcello Lavenère
  História de um massacre : Casa de Detenção de São Paulo /
Marcello Lavenère Machado, João Benedicto de Azevedo Marques.
— 2. ed. — São Paulo : Cortez, 2017.

  Bibliografia
  ISBN: 978-85-249-2534-4

  1. Casa de Detenção de São Paulo 2. Violência nas prisões - Brasil
- São Paulo (SP) I. Marques, João Benedicto de Azevedo. II. Título.

17-06013

CDD-365.98161

Índices para catálogo sistemático:
1. Casa de Detenção de São Paulo : Violências :
   Penalogia   365.98161

MARCELLO LAVENÈRE MACHADO
JOÃO BENEDICTO DE AZEVEDO MARQUES

HISTÓRIA DE UM MASSACRE
CASA DE DETENÇÃO DE SÃO PAULO

2ª EDIÇÃO

HISTÓRIA DE UM MASSACRE: casa de detenção de São Paulo
Marcello Lavenère Machado • João Benedicto de Azevedo Marques

Capa: de Sign Arte Visual
Digitalização e projeto gráfico: Linea Editora e deSign Arte Visual
Revisão: Maria de Lourdes de Almeida
Composição: Linea Editora Ltda.
Coordenação editorial: Danilo A. Q. Morales

Nenhuma parte desta obra pode ser reproduzida ou duplicada sem autorização expressa dos autores e do editor.

© 2017 by Autores

Direitos para esta edição
CORTEZ EDITORA
Rua Monte Alegre, 1074 – Perdizes
05014-001 – São Paulo – SP
Tels. (55 11) 3864-0111 / 3611-9616
cortez@cortezeditora.com.br
www.cortezeditora.com.br

Impresso no Brasil — setembro de 2017

Oferecimento

*Em memória de minha esposa Maria Laura,
minha filha Gabriela e minha neta Isabela
e dos presos mortos e feridos.*

São Paulo, 3 de julho de 2017
João Benedicto de Azevedo Marques

Diferimento

Sumário

APRESENTAÇÃO
Claudio Lamachia.. 11

PREFÁCIO
Uma chacina perfeita? Nem tanto.
Paulo Sérgio Pinheiro.. 15

I. Representação do Presidente da OAB/SP ao Conselho Federal.. 23

II. Relatório.. 29
   1. Introdução... 33
   2. Metodologia e descrição dos trabalhos do inquérito.. 35
   3. Segurança pública e violência policial............ 37
      — Execuções sumárias................................ 40
      — Tortura, agressão ou tratamento e punição cruel, desumana ou degradante................ 49
   4. Local dos fatos: Casa de Detenção............... 52

5. Descrição dos fatos 54
   — Antecedentes 54
   — Chegada da Polícia Militar e planejamento da operação 55
   — Negociação frustrada 57
   — Invasão 58
   — Matança generalizada 60
   — Acusação de furto de objetos pessoais dos presos pelos policiais militares 62
   — Presos e policiais militares feridos 62
   — Apreensão de armas de fogo 63
   — Localização dos cadáveres 66
   — Ausência do Secretário da Segurança Pública e do promotor corregedor dos presídios 68
   — Sonegação de informações 69
   — Papel dos juízes 69
   — Depoimentos dos presos 70
   — Análise dos laudos periciais 71
   — Cronologia dos acontecimentos 73
   — Antecedentes criminais e funcionais dos policiais 76
6. Repercussões nacionais 78
7. Repercussões internacionais 80
8. Controle da criminalidade 82
9. Conclusão 83
10. Recomendações administrativas referentes ao Estado de São Paulo 85
11. Recomendações administrativas de natureza geral para todos os Estados da Federação 87

História de um massacre 9

12. Responsabilidades criminais 90
13. Responsabilidade civil 91
14. Comunicação ao Juiz das Execuções Criminais 92
15. Comunicação ao Procurador-Geral da República ... 93
16. Comunicação ao Tribunal de Justiça de São Paulo... 94
17. Comunicação ao Corregedor Geral do Ministério
    Público 95
18. Extinção da competência da Justiça Militar
    Estadual para julgamento de policiais militares
    que tenham praticado crime comum 96
19. Comunicação do relatório aos organismos
    internacionais 99
20. Epílogo 100
21. Agradecimentos 102

Um grave erro judiciário 105

Um quarto de século de impunidade 109

Grandes rebeliões em presídios brasileiros 113

III. Anexos 115

1. Impasses, dilemas e desafios à administração
   carcerária, de Sérgio Adorno 117
2. Projeto de Lei dos deputados Hélio Bicudo e
   Cunha Bueno 125
3. Depoimentos de presos 128

4. Parecer médico-legal da Faculdade de Medicina/USP 140

5. Balística — gráficos e tabelas 147

6. Conclusão do laudo do Instituto de Criminalística do Departamento Estadual de Polícia Científica 153

7. Esquemas de lesões elaborados pelo Instituto Médico-Legal do Departamento Estadual de Polícia Científica 155

8. Tabela elaborada pela Universidade Estadual de Campinas 163

9. Informações constantes do parecer elaborado pela Universidade Estadual de Campinas 164

10. Relação dos oficiais que participaram da operação que redundou no massacre da Casa de Detenção 165

Apresentação

Ocorrido em 2 de outubro de 1992, o massacre do Carandiru é um dos mais lamentáveis capítulos da história Nacional. Com ele, estabeleceu-se um execrável recorde: o de maior chacina perpetrada no sistema penitenciário brasileiro. Foram 111 vidas humanas ceifadas.

A dimensão dessa tragédia, no entanto, não é plenamente compreendida apenas pela assustadora quantidade de pessoas assassinadas. Há de se considerar, igualmente, que 84 dos detentos executados não haviam ao menos recebido sentença judicial. Ademais, cumpre reiterar que, no ano anterior, em 3 de março de 1991, a OAB de São Paulo já havia denunciado os equívocos da política penitenciária então adotada pelo governo estadual. E, acima de tudo, é imprescindível consignar que os responsáveis por esse crime bárbaro foram agentes públicos cuja missão funcional seria velar pela segurança de todos e todas.

Por isso, nesse fatídico dia, também saiu gravemente ferida a própria legitimidade das instituições nacionais. É o que simboliza, por exemplo, a condenação imposta ao Estado brasileiro pela Comissão Interamericana de Direitos Humanos.

Dessa forma, em respeito à memória de todas as vítimas, esse é um episódio que, em absoluto, não pode ser esquecido. Assim, o lançamento de mais uma edição da já consagrada obra *História de um Massacre* é uma iniciativa particularmente meritória. Afinal, possibilita a uma nova geração de leitores o acesso ao mais completo relato acerca do morticínio ocorrido no Pavilhão 9 da Casa de Detenção de São Paulo, comumente conhecida pelo nome do bairro paulistano em que estava localizada, Carandiru.

Não obstante, para além do caráter informativo, os fatos narrados e os documentos reunidos são compreendidos como instrumentos para a consecução de dois objetivos precípuos: auxiliar na identificação e responsabilização dos culpados, bem como suscitar uma profunda reflexão acerca do sistema penitenciário nacional. Lamentavelmente, acontecimentos recentes indicam que ambos os propósitos parecem muito distantes de serem alcançados.

Nesse sentido, embora tenha sido considerado culpado de maneira unânime pelos jurados e condenado a 632 anos de prisão em 2001, o comandante da operação da Polícia Militar paulista, coronel Ubiratan Guimarães, foi inocentado pelo Tribunal de Justiça de São Paulo em 2006. Roteiro semelhante foi verificado em relação aos demais indiciados. Assim, em 2016, a 4ª Câmara Criminal da referida Corte anulou os julgamentos que, entre 2013 e 2014, haviam condenado 74 policiais militares a penas variando entre 48 e 624 anos de prisão.

Além da sensação de impunidade, sobressai-se a constatação de que pouco se aprendeu com esse trágico evento. Afinal, as penitenciárias brasileiras continuam a testemunhar chacinas, como demonstram, por exemplo, os massacres em Manaus/AM (67 mortos), Boa Vista/RR (33 mortos) e Nísia Floresta/RN (26 mortos) ocorridos neste ano de 2017.

Consequentemente, felicita-se a republicação deste livro, que constitui verdadeiro manifesto em favor da continuidade da obra da Ordem dos Advogados do Brasil, notadamente para que se possa lançar uma visão mais crítica quanto a ainda hoje vigente política criminal e penitenciária.

Claudio Lamachia
Advogado e Presidente Nacional da OAB

Prefácio

Uma chacina perfeita? Nem tanto.

Não há limpeza étnica na Iugoslávia. Nunca houve massacres de judeus em campos de extermínio na Alemanha nazista, nem *gulags* na antiga União Soviética. Nem houve linchamento em Matupá. Nem matança em My-Lay, na guerra do Vietnã, nem no campo dos palestinos em Shatila. Nem torturas de presos na ditadura militar de 1964. Nem massacre de 111 presos inermes e nus na Casa de Detenção de São Paulo. O léxico foi reinventado pelos inquéritos da Polícia Civil e da Polícia Militar de São Paulo. Tudo não passa de excessos.

O texto do comandante-geral da Polícia Militar de São Paulo, coronel Assumpção, ao encaminhar o inquérito policial militar sobre o massacre da Casa de Detenção no dia 2 de outubro, eleva o comovente esforço desses inquéritos de encobrir a verdade aos píncaros do virtuosismo. Para essa autoridade, os oficiais responsáveis "cumpriram com suas responsabilidades e não praticaram crime militar". Não medindo suas palavras, o comandante tem a pachorra de concluir afirmando que o plano tático da operação que resultou na chacina "foi perfeito".

Diante dessas tentativas de encobrir a verdade, o livro da Comissão de Defesa dos Direitos da Pessoa Humana (CDDPH), que apurou o massacre, põe abaixo a dissimulação dos fatos que as autoridades policiais de São Paulo montaram em seus inquéritos. Esse trabalho se deve à pronta iniciativa de investigar os fatos tomada pela Ordem dos Advogados de São Paulo (OAB-SP) através de seu presidente, José Roberto Batochio e dos membros da Comissão de Direitos Humanos. Conhecida a chacina, no próprio dia 3 de outubro foi constituída uma comissão especial destinada à apuração do massacre.

E no dia 1º de dezembro era entregue ao Conselho de Defesa dos Direitos da Pessoa Humana o monumental relatório da comissão que investigou o massacre. Foi feita uma exaustiva investigação, além de entrevistas, levantamento de documentos e exame dos laudos. Ali estavam, entre outros, Marcello Lavenère, presidente da OAB, Aristides Junqueira, procurador-geral da República, Carlos Chagas, da Associação Brasileira de Imprensa e João Benedicto de Azevedo Marques, da OAB-SP, como assessor especial. Basta para dizer sobre o gabarito dos autores.

Essa cuidadosa apuração, agora apresentada em livro, permitiu pôr abaixo a falsa tese do confronto — um imaginoso relator da CPI da Assembleia Legislativa, sr. Botta, chegou a referir-se a "recrudescimento da batalha". Na realidade, todos os laudos e perícias, como bem demonstra este livro, provam que houve uma intencionalidade para matar por parte de muitos policiais militares: foram mais de uma centena de execuções deliberadas, com armas de fogo; houve 515 tiros, sendo 126 na cabeça e 116 na face anterior do tórax. O laudo do Instituto de Criminalística assegura que nenhum tiro foi disparado de dentro para fora das celas, sinal de que os detentos não atiraram contra a PM e que apesar de 13 armas terem sido encontradas no Pavilhão 9, nenhum PM foi ferido a bala. Os vergonhosos inquéritos apontam a falta de elementos para individualizar os culpados. Claro, os matadores manipularam os corpos e descaracterizaram a cena do crime removendo os cadáveres das celas (está nos laudos e nas fotos, dignas de cenas de campos de extermínio).

O que é escandaloso nas conclusões dos relatórios oficiais das investigações até agora concluídas é constatar que outras repartições do Estado de São Paulo se comportaram com mais independência e dignidade do que as próprias autoridades policiais encarregadas dos inquéritos. O Instituto de Criminalística e o Instituto Médico-Legal do Estado de São Paulo — que integram a Secretaria de Segurança Pública — realizaram cuidadosos laudos que atestam com gritante clareza as condições em que foi realizada a chacina.

Os Departamentos de Medicina Legal da USP e da Unicamp, por solicitação das entidades de direitos humanos que junto com a OAB investigaram o massacre — a Comissão Justiça e Paz, a Comissão Teotônio Vilela, o Centro Santo Dias, entre outros no Brasil e a *America's Watch* e o Centro pela Justiça e o Direito Internacional, nos EUA — deram uma inestimável contribuição. Com o apoio dos reitores Roberto Leal Lobo e Silva Filho, da USP e Carlos Vogt, da Unicamp, os peritos coordenados pelo Dr. Marcos Segre (USP) e Dr. Badan Palhares (Unicamp) elaboraram formidáveis pareceres técnicos que atestam a cristalina evidência daqueles laudos demonstrando as execuções dos presos (e não mortes em conflito).

O livro, com total segurança diante de todos os elementos reunidos e dos laudos periciais, pode então afirmar que "a única conclusão possível é a de que houve uma ação sem planejamento adequado, sem coordenação, criminosa, violenta e irresponsável, da qual resultaram 111 presos mortos e 110 feridos, o que, sem dúvida, constitui um verdadeiro massacre, sem qualquer precedente na história do penitenciarismo mundial".

Da leitura deste candente documento podem ser tiradas algumas conclusões para um debate sereno sobre a política de segurança em nosso país que o bárbaro episódio do Carandiru desvenda.

Num dos estudos reunidos no livro, Sérgio Adorno, do Núcleo de Estudos da Violência, lembra que não é mais possível compreender a criminalidade urbana continuando-se a ignorar como as políticas públicas são implementadas: as prisões, no entanto, durante muito tempo se preservaram como protegidas da investigação pública. O que permitiu ao senso comum considerar o condenado de justiça e o preso como uma besta selvagem que policiais estão autorizados a abater — especialmente durante as rebeliões.

No entanto, os princípios do estado de direito numa democracia exigem — não importa a gravidade do crime — que as penas de prisão devem ser efetivamente cumpridas dentro dos limites da condenação, sem o agravamento da tortura ou da ameaça de execução extralegal. O sistema judiciário visa interromper a escalada de vingança dos tempos primitivos. Funcionários policiais do Estado não podem se atribuir a prática da pena de morte à guisa de pretender corrigir as falhas desse sistema — que são muitas e devem ser apontadas pela sociedade e sanadas pelos legisladores. Para demonstrar o absurdo das execuções sumárias no Carandiru, se levarmos em conta o prontuário dos executados, entre os 111 trucidados, 84 ainda não haviam sido sentenciados; muitos eram primários, escandalosamente misturados com 29 que haviam praticado homicídios ou latrocínios. Os familiares dos presos não podem ser sancionados por crimes cometidos por seus parentes e têm pleno direito de serem ressarcidos pelo Estado, cujos agentes criminalmente os executaram. Do mesmo modo que as vítimas dos criminosos comuns devem ser amparadas legalmente e ressarcidas pecuniariamente, mulheres e filhos de presos assassinados por criminosos funcionários do Estado também devem ser amparados.

O que se viu na Casa de Detenção — ao contrário da ação "perfeita" que grotescamente o comandante-geral da Polícia Militar fantasiou — foi um festival de incompetência em que policiais não usaram a força para diminuir ou isolar grupos de presos em conflito. Em princípio ninguém na sociedade preconiza que as prisões devam ser geridas pelos condenados de justiça: funcionários têm direito de impor os regulamentos legais. E há métodos modernos de intervenção policial em conflitos e motins penitenciários que dispensam massacres. Mas alguns comandantes de unidades policiais no dia 2 de outubro preferiram que seus comandados metralhassem e assassinassem detentos inermes, debelados, nus dentro dos xadrezes.

Como bem demonstra o livro, o massacre do Carandiru não é um fato isolado, mas uma resultante natural da política de violência implantada no estado de São Paulo, que tem tolerado a escalada de execuções sumárias. Os estudos desenvolvidos no Núcleo de Estudos da Violência (apresentados no livro por Oscar Vieira e Túlio Khan) demonstram inequivocamente que as mortes extrajudiciais pela Polícia Militar em São Paulo são uma das mais graves violações de direitos humanos na história do país: somente no ano passado foram mortas 1359 pessoas, em sua maioria meros suspeitos e muitos inocentes. Ao que tudo indica, largos contingentes do aparelho policial em São Paulo não têm se submetido aos limites impostos pela lei. E ao resolverem autodeterminarem suas ações, colocam em risco a segurança do Estado e rompem a hierarquia de comando que submete a polícia ao governo.

Apesar desses fatos, a quase totalidade da PM de São Paulo — mais de 77 mil homens — é composta de funcionários honestos e respeitadores da lei: as violações da lei, como as execuções sumárias nas ruas ou na Casa de Detenção, são da autoria de uma ou duas centenas de matadores que colecionam sistematicamente homicídios. E que pelas limitações de foro corporativo e pela precariedade de recursos materiais da Justiça Militar estadual, em muitos casos têm garantida sua impunidade: apesar desses crimes continuam atuando como agentes da lei. E é sabido que os crimes de lesões graves em esmagadora maioria não são nem examinados, pois prescrevem pela falta de meios da Justiça Militar julgá-los.

Os governos democráticos estão obrigados a ter uma função pedagógica em relação à população e não deveriam se conformar (ou se regozijar) por quase trinta por cento dos paulistanos terem apoiado entusiasticamente o massacre. A postura dos governantes que optam pelo silêncio em vez de assumirem a crítica dos crimes de agentes policiais agrava a cultura autoritária que impede as vítimas de distinguirem entre seus algozes e os que clamam — como as entidades de direitos civis — pela proteção de seus direitos humanos, tanto os civis e políticos como os econômicos e sociais. A maioria da população da cidade de São Paulo (três em cada cinco) vive em favelas, cortiços e loteamentos clandestinos sob um virtual "estado de guerra". As maiores taxas de morte violenta ocorrem dentro das classes populares e em seus bairros: atropelamentos, linchamentos, assassinatos pelas mãos dos justiceiros e dos grupos de extermínio. E da polícia: no ano passado, a cada sete horas em São Paulo registrou-se uma morte pela polícia, um recorde mundial que já deveria estar no Livro dos Recordes.

É com grande consternação que somos obrigados a constatar que apesar dos compromissos de campanha e de um diálogo que se arrasta por dois anos, e apesar de aprovado o texto de lei na Assembleia Legislativa, o governo do estado de São Paulo até o momento em que escrevemos ainda não implantou o Conselho Estadual de Defesa dos Direitos da Pessoa Humana, previsto pela Constituição. Depois do massacre e das tentativas de acobertamento dos fatos por parte de funcionários encarregados de suas investigações, o Conselho, se implantado, poderia colaborar com o governo na definição de políticas que aprofundassem o estado de direito e aumentassem a segurança para a população.

Diante do massacre, os governantes deveriam tomar medidas para proteger a vida e a saúde das populações mais pobres e miseráveis — a maioria. Controlar a criminalidade comum somente é possível se houver um esforço sério de debelar as altas taxas de violência ilegal dos funcionários policiais. Depois do massacre, deve-se reconhecer que o novo titular da Secretaria da Segurança Pública de São Paulo, Dr. Michel Temer, tem feito esforços — com alguns resultados na redução do número de mortes pela PM — para controlar essas violações. Impedir que os presos sejam tratados como feras é proteger cidadãos honestos de serem retaliados por presos desumanizados por tratamento cruel e degradante — quando não expostos à execução sumária como no massacre.

A distinção entre o Estado autoritário, da ditadura, inculpado por organizar o terror e realizar massacres e o governo democrático que pode ser responsabilizado por atos de seus funcionários, é clara e crucial. Mas um governo democrático que não demonstra vontade política para apurar crimes de seus funcionários, com sua benevolência diante da não apuração efetiva de graves violações de direitos humanos se torna cúmplice desses crimes. A única forma da democracia se distanciar de funcionários criminosos é submetê-los ao devido processo legal.

Este livro, na crueza da revelação dos fatos e na clareza das análises, é um apelo veemente para que a sociedade e o Estado não se solidarizem com a barbárie. É uma pungente profissão de fé no estado de direito e numa política de segurança que não se confunda com o arbítrio. Para que a democracia faça afinal diferença para a sociedade brasileira. Somos devedores da OAB e de todos aqueles que com enorme rapidez souberam se mobili-zar para denunciar os horrores do dia 3 de outubro. E que além de denunciar, formularam propostas políticas positivas, reformas públicas que somente a democracia pode tornar realidade.

São Paulo, 12 de fevereiro de 1993.

Paulo Sérgio Pinheiro

I

Representação do Presidente da OAB/SP ao Conselho Federal*

São Paulo, 5 de outubro de 1992

Senhor Presidente:

Cumprimos o dever de levar ao conhecimento de Vossa Excelência graves ocorrências verificadas na Casa de Detenção Professor Flamínio Fávero, de São Paulo, no dia 2 de outubro de 1992.

Às primeiras horas da noite dessa data, chegou-nos a notícia de que incidente ocorrido entre reeducandos do Pavilhão 9 daquele

---

* Representação feita ao Conselho Federal da Ordem dos Advogados do Brasil, três dias depois do massacre e que foi um dos elementos fundamentais para a instalação do processo do Conselho de Defesa dos Direitos da Pessoa Humana do Ministério da Saúde.

estabelecimento prisional havia se degenerado em desforço físico. A rixa envolveria dezenas de reclusos e, sentindo dificuldade em controlá-la, o diretor da Casa entendera de comunicar os fatos a seus superiores.

Atento à possibilidade de violação de direitos humanos ao longo de eventual intervenção policial, designamos, imediatamente, o Dr. Flávio Strauss, membro da Comissão de Direitos Humanos desta Seccional, para, dirigindo-se ao local, naquela mesma noite, acompanhar os acontecimentos e intervir no sentido de serem respeitados os direitos fundamentais dos presidiários.

Nas primeiras horas do dia 3 de outubro de 1992, recebemos o relatório verbal do Dr. Flávio Strauss, o qual nos dava conta de que fora impedido de ingressar naquela prisão, bem assim quaisquer outras pessoas estranhas aos quadros da Secretaria da Segurança Pública de São Paulo, incluindo-se a imprensa.

Foi-nos relatado, outrossim, que os indícios com que se deparara aquele membro da nossa Comissão de Direitos Humanos apontavam na direção de uma violenta ação policial, com trágicas consequências para inúmeros reclusos, muitos dos quais possivelmente assassinados.

À vista deste quadro dramático, convocamos uma reunião extraordinária do nosso Conselho Seccional, conjuntamente com a Comissão de Direitos Humanos desta Entidade. Isto se deu às 13h do sábado, dia 3 de outubro de 1992, data em que se realizavam as eleições municipais em todo o País.

Sem prejuízo de tal providência, designamos vários advogados, colaboradores da Seccional, para que permanecessem nas imediações daquele presídio, observando o evolver dos sucessos.

Durante a realização da aludida reunião extraordinária, notícias do episódio foram chegando ao nosso conhecimento, deixando-nos a todos estarrecidos.

As autoridades responsáveis pela segurança pública no Estado haviam informado aos meios de comunicação, na tarde de 2 de outubro de 1992, que haviam perecido oito detentos apenas e, mesmo assim, vitimados por seus companheiros de cárcere. Somente após encerrada a votação nas eleições municipais é que o verdadeiro número de mortos foi divulgado...

Nada obstante, já tínhamos, naquela tarde de 3 de outubro de 1992, informações seguras de que a intervenção pela força ordenada pelas autoridades deixara um saldo tenebroso de mais de uma centena de detentos mortos.

Deliberamos, então, constituir Comissão Especial, composta pelos advogados Ricardo Carrara Neto, vice-presidente da Comissão de Direitos Humanos desta Seccional, Adauto Alonso Silvinho Suannes, João Benedicto de Azevedo Marques, Flávio Strauss e Jairo da Fonseca para, sob nossa presidência, promover a criteriosa apuração das circunstâncias em que se deu esse morticínio que afronta a consciência jurídica da Nação.

Promovemos, de outro lado, em 5 de outubro de 1992, às 18h, reunião com todas as entidades comprometidas com a defesa dos direitos humanos neste Estado, entre as quais a Comissão de Justiça e Paz da Arquidiocese de São Paulo, o Centro Santo Dias da Silva, a Pastoral Carcerária, entre muitas outras. Ouvimos, nessa reunião, inúmeros depoimentos, inclusive de familiares de presos executados, de sobreviventes da tragédia, cidadãos circunstantes etc.

O resultado dessa coleta oferece, com razoável grau de certeza, saldo hediondo.

Para controlar o indigitado desforço físico havido entre internos no Pavilhão 9, que é separado dos demais pavilhões daquele presídio, sem antes esgotarem-se todos os meios suasórios e de negociação, autoridades governamentais do Estado de São Paulo autorizaram a sua invasão pelo mais violento e sanguinário segmento da Polícia Militar de São Paulo, qual seja a ROTA (Rondas Ostensivas Tobias de Aguiar) e Pelotão de Choque da Polícia Militar.

Os relatos que nos chegaram, abonados por indícios materiais idôneos, verossímeis e críveis, são consternadores.

Armados de metralhadoras e de escopetas, os policiais militares chacinaram 111 presos indefesos, muitos dos quais foram executados no interior de suas próprias celas, através das grades.

Conta-se que na cela 375-E do citado Pavilhão 9, os seus dez ocupantes foram brutalmente metralhados, alguns enquanto deitados no plano superior dos beliches ali existentes, havendo os projéteis, em trajetória ascendente, transfixado os colchões para, depois, atingirem seus corpos, em decúbito...

As autoridades locais pretenderam inculcar versão oficial que coloca nas mãos dos civis mortos armas de fogo, o que, ao menos na quantidade pretendida, é absolutamente inaceitável, por inveraz. Custa crer que mais de uma centena de presos em estabelecimento penal de segurança máxima lograsse manter em seu poder armas de fogo.

O absurdo da sugestão se patenteia na medida em que nem um só policial militar pereceu no suposto confronto, mesmo porque nenhum confronto houve nessa proporção.

Relembramos, neste passo, constituir práxis desse grupamento policial militar raramente deixar sobreviventes em suas ações violentas e que a versão oficial com que se justificam as mortes ocorridas sempre coloca pequena quantidade de entorpecente nas vestes do cadáver e um revólver, com identificação numérica raspada, nas suas mãos...

Foi também por esta razão que a Seccional de São Paulo se manifestou vigorosamente contra a transferência da administração do sistema penitenciário paulista da Secretaria da Justiça para a Secretaria da Segurança Pública. Profética insurgência!

Pelos informes até esta parte recolhidos, pode-se ter por plausível, sem receio de incorrer em juízo açodado, em prejulgamento, que, efetivamente, a Polícia Militar referida, devidamente autorizada, invadiu, pela força, o mencionado Pavilhão 9 da Casa de

Detenção Professor Flamínio Fávero, de São Paulo, e, a pretexto de pacificar conflito entre reclusos (sem qualquer insurgência contra a administração do presídio, sem reféns e sem violência contra funcionários), metralhou, desumanamente, mais de uma centena de homens, muitos dos quais totalmente indefesos, provocando um assassinato em massa, no qual perderam a vida 111 pessoas.

Trata-se, Senhor Presidente, do maior massacre verificado em um só presídio, segundo registra a história carcerária universal.

Nem mesmo a rebelião de Attica, nos Estados Unidos, considerada o evento prisional de maior mortandade na história moderna, em que pereceram quarenta vidas humanas, se equipara ao massacre aqui verificado.

Estamos horrorizados diante dos relatos que nos têm chegado e que também falam de tratamento desumano e cruel para com os sobreviventes após controlados os fatos, tais como açulamento de cães contra presidiários, atacados a dentadas, remoção compulsória dos cadáveres dos companheiros mortos na ação policial e outras degradações que tais.

Exigimos, em nome da lei, dos superiores interesses da cidadania, da decência e da dignidade, que as responsabilidades sejam definidas e os fatos, como pressuposto disso, amplamente esclarecidos, como resposta mínima a esse inominável morticínio.

Recebemos, além do indispensável e pronto apoio de Vossa Excelência, a solidariedade de organismos internacionais voltados para a defesa dos direitos humanos, entre os quais a Anistia Internacional, sediada em Londres, Inglaterra. Essa entidade nos faz apelo para que participemos das apurações, eis que manifesta desconfiança na lisura das apurações oficiais.

Confessamos partilhar, até certo ponto, de tais cuidados, em face da interpenetração institucional dos apuratórios, somada a esta circunstância um certo corporativismo que domina, não raro, muitas instituições.

Por isso estabelecemos um plano de ação bifronte: ao tempo em que realizaremos, por iniciativa própria, a colheita de subsídios aptos a esclarecer o triste episódio, participaremos, também, dos apuratórios oficiais, acompanhando-os e fiscalizando-os para que não possam se desvirtuar.

Cabe-nos, por derradeiro, manifestar profunda vergonha pela barbárie praticada, repudiando, com radical veemência, a violência, principalmente a violência institucionalizada.

Se constitui exagero falar-se, em situações que tais, em criminalidade estatal ou em Estado-delinquente, demasia não é focar, com a ênfase necessária, a criminalidade que se desenvolve à sombra do Estado, aparentemente autorizada...

Findamos, Senhor Presidente, por constatar que a Nação brasileira se cobre de humilhação e de vergonha, perante a comunidade internacional, quando se vê obrigada a admitir que aqui se repetiu, às portas do século XXI, Auschwitz ou Treblinka.

Encaminhando, com pesar, este relatório à Vossa Excelência, inclusive para as providências que julgar adequadas junto ao Conselho de Defesa dos Direitos da Pessoa Humana, em que tem assento por força de imperativo legal, e junto ao Conselho Nacional de Política Penitenciária, órgão vinculado ao Ministério da Justiça, colho do ensejo para renovar-lhe os melhores protestos de estima e consideração.

José Roberto Batochio, Presidente

Excelentíssimo Senhor
Dr. Marcello Lavenère Machado

Digníssimo Presidente do Egrégio e Conselho Federal da Ordem dos Advogados do Brasil
Brasília-DF

II

Relatório

MINISTÉRIO DA JUSTIÇA
Comissão de Defesa dos Direitos da Pessoa Humana — CDDPH

Relatório da Comissão constituída pela Portaria n. 00488 de 7/10/1991 para realizar inquérito instaurado pela Resolução n. 01 de 6/10/1992 com o fim de apurar as causas da violência ocorrida na Casa de Detenção de São Paulo em 2 de outubro de 1992.

Comissão

- MARCELLO LAVENÈRE MACHADO
  Presidente do Conselho Federal da OAB — Relator

- ARISTIDES JUNQUEIRA
  Procurador-Geral da República

- CARLOS CHAGAS
  Representante da Associação Brasileira de Imprensa

Assessor Especial

- JOÃO BENEDICTO DE AZEVEDO MARQUES
  Membro da Comissão de Direitos Humanos da OAB/SP

História de um Massacre
Casa de Detenção de São Paulo

"Treme, e tem horror a língua de pronunciar o que viram os olhos; mas sendo o caso tão feio, tão horrendo, tão atroz, e tão sacrílego que não se pode dizer, é tão público e tão notório que não se deve calar."

(Padre Antônio Vieira. Sermão da Epifania. In: *Sermões*. Porto, Lello & Irmãos Editores, v. I, t. II, p. 1)

1

Introdução

No dia 2 de outubro de 1992, na Casa de Detenção de São Paulo, situada no local conhecido como Carandiru, ocorreu a morte de 111 presos, em consequência da invasão do estabelecimento prisional por tropa da Polícia Militar de São Paulo.

O fato estarreceu a nação e teve grande repercussão internacional.

A gravidade da ocorrência provocou a imediata manifestação de protesto da OAB/SP e de inúmeras entidades da sociedade civil.

Em consequência, a pedido da Procuradoria-Geral da República e dos deputados federais Luiz Carlos Sigmaringa Seixas e José Aldo Rebelo Figueiredo, o Ministro da Justiça convocou, extraordinariamente, o Conselho de Defesa dos Direitos da Pessoa Humana, em cuja reunião, no dia 6 de outubro de 1992, o Presidente do Conselho Federal da OAB, Marcello Lavenère Machado, denunciou o massacre e solicitou a instauração de inquérito para a apuração dos fatos.

Atendendo à decisão do Conselho, o Ministro da Justiça baixou resolução (Fl. 05)* instaurando inquérito e, por portaria (Fl. 06), designou, para fazê-lo, Comissão composta dos conselheiros Marcello Lavenère Machado, presidente do Conselho Federal da OAB, relator, Aristides Junqueira, Procurador-Geral da República e Carlos Chagas, representante da Associação Brasileira de Imprensa (cf. portaria de Fl. 06).

No dia 7 de outubro, o Ministro da Justiça, em companhia de todos os membros da Comissão, deslocou-se até São Paulo, tendo visitado a Casa de Detenção e, posteriormente, participado da sessão na Ordem dos Advogados do Brasil, Secção de São Paulo, onde ouviu depoimentos de representantes de entidades de defesa dos direitos humanos.

Em seguida, no dia 13 de outubro, o relator dirigiu-se a São Paulo, onde iniciou formalmente os trabalhos de investigação (cf. ata de Fls. 02/04), tendo sido designado para auxiliar nos trabalhos, na condição de assessor especial, o Dr. João Benedicto de Azevedo Marques, ex-presidente do Conselho Nacional de Política Criminal e Penitenciária (cf. portaria de Fls. 02/04), a quem coube a condução dos trabalhos deste inquérito que contou com o apoio da Polícia Federal.

A escalada da violência da criminalidade não deve ser respondida pela violência da ação policial, o que só poderá trazer mais violência, muitas vezes com o sacrifício de vidas inocentes, o que nos compromete como nação civilizada e democrática.

Está na hora de a sociedade e o Estado reverem a política de segurança pública, que apresenta inúmeras distorções, desde a divisão dos organismos policiais estaduais, até a falta de preparação e treinamento adequado, agravada pelas más condições de remuneração.

---

* Todas as remissões de páginas e anexos referem-se ao processo que se encontra no Ministério da Justiça — Conselho de Defesa dos Direitos da Pessoa Humana.

2

Metodologia e descrição dos trabalhos do inquérito

Este inquérito foi realizado na sede da OAB/SP entre os dias 11 de outubro, data de instalação dos trabalhos, e 26 de novembro, quando se encerrou a investigação.

Funcionou como escrivão o sr. João Carlos Blankenheim, da Polícia Federal, que contou com o apoio de agentes federais.

Durante este período foram ouvidas 35 testemunhas, sendo duas religiosas, 8 funcionários civis, 11 presos e 14 policiais militares.

O Secretário da Segurança Pública e os juízes corregedores enviaram relatório sobre os fatos.

Foram juntados aos autos laudos periciais do Instituto Médico-Legal, Instituto de Criminalística e Hospital da Polícia Militar.

Solicitaram-se pareceres médico-legais da Universidade de São Paulo e da Unicamp.

Juntaram-se dezenas de fotografias de presos mortos e recortes de jornais sobre os fatos.

Até a data do relatório da Comissão designada pelo Ministro da Justiça, o inquérito constava de 2493 páginas, distribuídas em nove volumes, da seguinte maneira:

1) Autos principais — 2 volumes;

2) Anexo dos laudos periciais — 2 volumes;

3) Anexo das repercussões internacionais — 1 volume;

4) Anexo das fotografias — 1 volume;

5) Anexo das cópias do inquérito policial civil — 1 volume;

6) Anexo dos recortes de jornais — 1 volume.

3

Segurança pública e violência policial

Para se entender o episódio do Carandiru é indispensável que se teçam considerações sobre a política de segurança pública em São Paulo, o que fazemos com base em pesquisa feita pelo professor Oscar Vieira e pelo pesquisador Túlio Kahn, do Núcleo de Estudos da Violência da USP.

Mais do que a simples competição eleitoral, a democracia exige alguns requisitos básicos, entre os quais a conquista de padrões mínimos de paz social. Neste sentido, o estado de direito tem cumprido, ao menos nas democracias ocidentais, uma enorme contribuição. Ter o direito como parâmetro para a convivência social não significa, entretanto, seu cumprimento pela totalidade dos membros da sociedade. Por esta razão é entregue ao Estado a incumbência de aplicar a lei, para o que dispõe de meios de coerção e violência. O que, no entanto, diferencia as forças de segurança do Estado de uma quadrilha é a utilização dessa violência com base e em nome da lei. Nenhum outro argumento, nem mesmo manutenção da ordem, justifica o uso da violência, ainda que por policiais.

À segurança pública cabe, desta forma, um relevante papel na manutenção do estado de direito. Agindo em conformidade com o ordenamento jurídico-constitucional e tendo como limite de sua atuação os direitos fundamentais da pessoa humana, os órgãos ligados à segurança pública são essenciais à convivência pacífica, à repressão do crime e, consequentemente, à fruição de direitos em uma sociedade democrática.

No estado de São Paulo, a segurança pública, em conformidade com a Constituição estadual, "é dever do Estado, direito e responsabilidade de todos". Deve ser exercida pela Polícia Civil, responsável pela função de polícia judiciária-investigativa, e pela Polícia Militar, a quem cumpre a função de polícia ostensiva e a tarefa de preservação da ordem pública.

A Polícia Civil é composta por cerca de 30000 funcionários, dos quais 27280 são policiais, ocupando os demais postos administrativos. A Polícia Militar dispõe de um efetivo de 71253 policiais (Relatório das Realizações de 1991 da Pasta da Segurança).

A atuação desses órgãos da segurança pública tem sido maculada pela ilegalidade. Como se vê pelos dados retirados do Relatório Anual de Direitos Humanos do Núcleo de Estudos da Violência da USP, que prestou inestimável colaboração para este relatório, a Polícia Militar tem sido responsável por um grande número de mortes de civis, que, até o dia 2 de outubro de 1992, já alcançava a assustadora cifra de 1264 mortos, isso sem contar os 111 da Casa de Detenção. No que se refere à Polícia Civil, embora tenha havido uma diminuição no número de denúncias de tortura, o que se deve em grande parte ao empenho da Corregedoria da Polícia Civil (da própria polícia) e da Corregedoria da Polícia Judiciária (do Poder Judiciário), esta continua ainda como uma prática habitual nas investigações e extorsões policiais, como se vê a seguir.

As práticas de tortura, além de totalmente ilegais, apenas contribuem para piorar o problema da violência no Estado e principalmente na Grande São Paulo.

No governo Montoro, um grande esforço foi despendido no sentido de alterar os padrões de comportamento das polícias. Largamente utilizadas pelo regime militar no combate aos dissidentes e na repressão dos movimentos sociais, era necessário conscientizar as polícias do seu novo papel dentro do Estado democrático.

Esse longo e tortuoso trabalho de legalização da atividade policial parece, no entanto, ter sido negligenciado pelos governos posteriores.

Recentemente, o ex-secretário, Dr. Pedro Franco de Campos, sinalizou um recrudescimento da violência no combate à criminalidade, através de pronunciamentos como: "Não dá para dar botão de rosa para marginal" (*Folha de S.Paulo*, 7/8/1991), em reação à publicação do número de mortes em confrontos com a Polícia Militar. Tais frases, somadas a um alto grau de impunidade assegurada pela Justiça Militar, se não incentivaram o aumento da violência policial, certamente também não contribuíram para sua discussão ou controle.

Exemplo disso são os comentários de um tenente-coronel, ex-comandante da ROTA (Rondas Ostensivas Tobias de Aguiar — unidade da Polícia Militar de São Paulo), ao alertar os "marginais" para que colocassem a "barba de molho, pois a ROTA está aí". "Daremos aos ladrões a violência que eles dão aos policiais." Ao equiparar a violência policial à praticada pelos "marginais", praticamente autorizou a ação ilegal de seus ex-comandados.

A Polícia Militar, no entanto, não se tem limitado a agir com violência contra civis, como ficou demonstrado na morte do soldado Josafá Aparecido da Silva e do cabo Adilson Donizeti de Oliveira por intoxicação, durante treinamentos com gás lacrimogêneo, em novembro de 1991. O então comandante da ROTA, onde teve lugar o infeliz incidente, foi promovido ao posto de coronel, apenas um mês após o ocorrido (*Folha de S.Paulo*, 3/11/1991).

O episódio da Casa de Detenção foi, de certa forma, uma resultante natural desta política de violência implantada no estado de São Paulo, como se vê pela análise, feita a seguir, das execuções sumárias ocorridas naquele estado.

Execuções sumárias

Diversos relatórios elaborados por organizações nacionais e internacionais preocupadas com os direitos humanos e pelo próprio Relatório de Prática dos Direitos Humanos nos Países, publicado pelo Departamento de Estado dos Estados Unidos, apontam que as execuções sumárias são o mais sério problema de direitos humanos enfrentado no Brasil.

São anualmente centenas os brasileiros que morrem a mando de grandes proprietários, nas mãos de grupos de extermínio, em conflitos privados ou em confrontos com a polícia. Nos relatos de violação que se seguem, tanto nas mortes quanto nas demais violações, nosso interesse reside, basicamente, nas perpetradas por parte do Estado. É certo que uma mãe que espanca seu filho ou um marido que mata a esposa também estão violando direitos humanos. Mas estes casos de violações diferem substancialmente dos primeiros por seu caráter privado e assimétrico. A moralidade é uma só, seja ela pública ou privada, mas, quando é o próprio poder público — que tem como função básica proteger a vida — que ameaça os direitos dos cidadãos, a violação cresce naturalmente em gravidade. Além disso, a atuação dos agentes públicos, ao menos em tese, é passível de controle por parte da sociedade.

Mais recentemente, a polícia e o Tribunal de Justiça Militar do Estado de São Paulo têm procurado divulgar, de forma periódica, dados a respeito de mortos e feridos, civis e policiais. Os dados relativos ao estado de São Paulo, divulgados pelo Comando

História de um massacre

da Polícia Militar, pela Justiça Militar de São Paulo, por jornais e relatórios internacionais são os seguintes:

Mortos em ações da Polícia Militar no Estado de São Paulo, 1981-1992

Ano	Civis mortos	Média/mês	PMs mortos	Média/mês	Relação civis/PMs mortos
1992	752*	125,3	36*	6	20,8
1991	1140	95	78	6,5	14,6
1990	585	48,7	13	1,08	45
1989	532	44,3	32	2,6	16,6
1988	294	24,5	30	2,5	9,8
1987	305	25,4	40	3,3	7,6
1986	399	33,2	45	3,7	8,6
1985	585	48,7	34	2,8	17,2
1984	481	40	47	5,8	10,2
1983	328	27,3	45	3,7	7,2
1982	286	23,8	26	3,2	11
1981	300	25	—	—	—
Média	**475,9**	**39**		**12,2**	

* Somente até junho de 1992, excluído da média.

Fonte: Polícia Militar do Estado de São Paulo.

Observação da Comissão do Relatório: segundo o *Jornal do Brasil* de 16/10/1992, o número de civis mortos chegou a 1264 até 2 de outubro de 1992, sem contabilizar as mortes ocorridas na Casa de Detenção.

O número de civis mortos em confronto com a polícia vem aumentando progressivamente nos últimos 4 anos, enquanto o número de policiais mortos — com as exceções de 1990 e 1991, que variaram bruscamente — tem-se mantido relativamente constante. Como resultado, a relação entre civis e policiais mortos vem aumentando: em média, morrem 12 vezes mais civis do que policiais nestes confrontos e, mantida a tendência atual, em 1992 morrerão 20 vezes mais civis do que policiais. De um modo geral, contudo, a quantidade de mortes é extremamente elevada, tanto entre civis quanto entre agentes do poder público: mantendo-se este ritmo, ao final de 1992, 1575 pessoas terão morrido, entre civis e policiais.

Mortos em confrontos — civis e policiais
São Paulo, 1981-1992

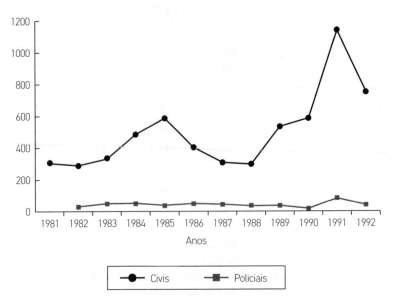

Fonte: Núcleo de Estudos da Violência da USP.

A título de comparação, a polícia de Nova York, que conta atualmente com 27290 membros, feriu e matou 27 indivíduos no ano de 1991. Se considerarmos as cifras de 1974 até 1990, observaremos que a polícia daquele estado mata em média 31,6 por ano. Analisando apenas os números relativos aos últimos 5 anos, nota-se ainda uma ligeira diminuição dessas médias no estado de Nova York:

Civis mortos e feridos
Médias nos estados de Nova York e São Paulo, 1991

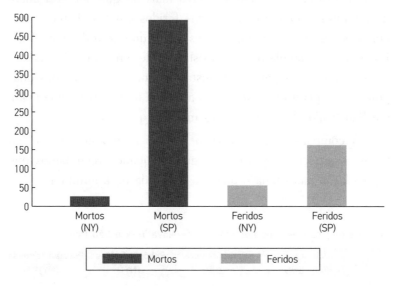

Fonte: Núcleo de Estudos da Violência da USP.

Civis mortos e feridos nos estados de Nova York e São Paulo

Ano	Civis mortos (NY)	Civis mortos (SP)	Civis feridos (NY)	Civis feridos (SP)
1992	—	752*	—	48*
1991	27	1140	81	—
1990	41	585	60	251
1989	30	532	61	135
1988	24	294	46	69
1987	14	305	37	147
1986	20	399	32	197
1985	12	585	48	291
1984	29	481	44	190
1983	31	328	64	109
1982	39	286	88	74
Média	**26,7**	**493,5**	**56,1**	**162,5**

* Somente até junho de 1992, excluído da média.

Fonte: Núcleo de Estudos da Violência da USP.

Tomando-se os dados dos últimos 10 anos, a Polícia Militar paulista matou em média 18 vezes mais do que sua congênere nova-iorquina. O número de civis feridos em São Paulo, como era de se esperar, é quase 3 vezes maior do que o de Nova York. Finalmente, a tabela revela a existência de um padrão inverso — e pouco alentador para os paulistas — entre a atuação das duas polícias: enquanto em Nova York a polícia fere mais do que mata, em São Paulo ela mata 3 vezes mais do que fere.

A comparação com a maior cidade norte-americana é em todos os aspectos desfavorável, mesmo quando recordamos que a população paulistana é quase o dobro da nova-iorquina.

Policiais mortos e feridos nos estados de Nova York e São Paulo

Ano	Policiais mortos (NY)	Policiais mortos (SP)	Policiais feridos (NY)	Policiais feridos (NY)
1992	—	36*	—	206*
1991	2	78	20	2520
1990	0	21	17	256
1989	4	32	22	—
1988	5	30	17	360
1987	3	40	10	559
Média	**2,8**	**40,2**	**17,2**	**923,7**

* Somente até junho de 1992, excluído da média.

Fonte: Núcleo de Estudos da Violência da USP.

Toda essa violência, como não podia deixar de ser, reflete-se também em graves perdas para a corporação: morrem 14 vezes mais policiais em São Paulo do que no estado de Nova York e o número de policiais paulistas feridos é assustadoramente alto. O ano de 1991 parece ter sido excepcionalmente ruim para os policiais paulistas, inflacionando a média anual de feridos, que girava em torno de 391, para 923,7. Nunca é demais lembrar que a violência policial engendra como contrapartida a violência na resposta dos marginais e vice-versa: ambos os lados revidam com elevado grau de agressividade, posto que desses confrontos raramente se sai ileso.

O criminologista e professor de Direito da Universidade de Direito de Nova York, Paul Chevigny, em artigo recente, propõe alguns indicadores para a avaliação comparativa da violência policial:

a) Relação entre o número de disparos (ou de feridos) e o número de mortos: em situações normais, sugere o professor, "há muito mais pessoas feridas do que mortas. Por exemplo, um estudo encontrou que no período de 5 anos entre 1971-1974 em Chicago a polícia disparou contra 523 pessoas, matando 130 delas (25%); num período quinquenal posterior (1981-1985), a polícia de Nova York disparou contra 481 pessoas, matando 147 delas (31%). Se a polícia mata mais do que fere ou se a precisão dos tiros repentinamente começa a crescer, isto sugere que os disparos podem estar sendo deliberados". A polícia paulista, como vimos há pouco, mata quase 3 vezes mais do que fere. Esta constatação e a que segue são de suma importância para compreender o que ocorreu na Casa de Detenção.

b) Relação entre mortes pela e contra a polícia: segundo Chevigny, "a relação entre o número de policiais mortos e o número de civis mortos pela polícia é uma estimativa rústica, contudo útil. Em Chicago, a razão para 5 anos foi 8,7 e para Nova York de 1978-1985 a razão foi 7,8. Quando são mortos 10 ou 15 vezes mais civis do que policiais, então, isto sugere que a força mortal da polícia pode estar em uso para propósitos outros que o da proteção da vida em emergências".

A razão entre mortes policiais/civis para o estado de São Paulo sugere igualmente uma utilização desnecessária do uso da violência mortífera, pois morrem em média 12,2 vezes mais civis do que policiais nestes embates.

c) Relação entre homicídios pela polícia e taxa total de homicídios: a maior parte dos homicídios de uma sociedade é cometida entre pessoas que não são da polícia. Normalmente esperamos que os homicídios cometidos pela polícia sejam alguma pequena fração da taxa total de homicídios. Estimativas demonstram que 3,6% de todos os homicídios nos Estados Unidos nos anos de 1971-1975 foram cometidos por policiais. A sugestão de Paul Chevigny é a de que, "quando o número de mortos por policiais transforma-se numa grande porcentagem da taxa de homicídios, há uma inferência de que a polícia não está reagindo a incidentes numa sociedade violenta, mas sim usando a violência para propósitos de controle social". O número de homicídios na Grande São Paulo foi de 4462 (1987), 5546 (1989) e 4556 (1991). O número de mortos pela polícia para os mesmos anos foi de, respectivamente, 305, 532 e 1140. Ao calcular a porcentagem representativa das mortes pela polícia observamos que esta vem aumentando significativamente sua contribuição para a taxa geral de homicídios: em 1987, 7% dos homicídios em São Paulo foram perpetrados por policiais; em 1989, 10%; finalmente, em 1981, um quarto das mortes ocorridas na Grande São Paulo, foi provocado pela polícia.

Ainda que seja tarefa difícil avaliar a partir de qual nível a violência se torna "excessiva", por qualquer indicador que se pegue, a polícia paulista — comparada à nada amistosa polícia nova-iorkina, aparece como uma das mais violentas do mundo. Não há como deixar de constatar que a polícia de São Paulo está longe de utilizar seu poder letal somente para proteger-se ou para proteger a vida dos cidadãos.

Também é importante analisar a violência vista pela imprensa. Somente no período coberto pelo Relatório Anual do Núcleo de Estudos da Violência da USP, de setembro de 1990 a setembro de 1991, o noticiário da imprensa coligiu 471 casos de execuções sumárias, alguns com até 6 mortos por caso.

Os registros no banco de dados daquele núcleo indicam que, no período em avaliação, dos 3119 casos que resultaram em mortes, noticiados pela imprensa, 471 tiveram a participação de policiais. Em termos percentuais, isso representa 15,1% de todos os casos.

Embora a maior parte desses casos (70%) tenha deixado uma só vítima, são comuns os que deixam vários mortos. O total de vítimas fatais envolvidas nesses 471 casos é de 658 pessoas. Se distribuirmos os casos de homicídio policial pelo número de mortos feitos em cada um, observamos as seguintes frequências:

Frequências das quantidades de vítimas nos homicídios policiais

Quantidade de vítimas	Frequência	Porcentagem	Porcentagem cumulativa
1	330	70,0	70,0
2	101	21,4	91,4
3	30	6,3	97,7
4	6	1,2	98,9
Mais de 4	4	0,8	100,0
Total	471		

Fonte: Núcleo de Estudos da Violência da USP.

Quantidade de mortos nos confrontos, segundo a imprensa, de set./1990 até set./1991

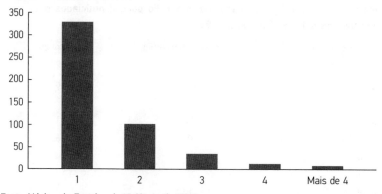

Fonte: Núcleo de Estudos da Violência da USP.

Em geral, a justificativa para as mortes envolvendo policiais é a de que o suspeito teria reagido quando apanhado em delito ou atitude suspeita. Assim, no estado de São Paulo, em 87,9% dessas mortes os policiais alegaram que o suspeito teria revidado abordagem ou tentativa de prisão. Difícil confirmar ou refutar estas versões, posto que quase nunca estes embates deixam testemunhas. Segundo os jornais, apenas em 15,7% desses casos houve quem tivesse presenciado a ação dos representantes da lei.

A alegação de reação do suspeito precisa ser considerada como relativa: com efeito, como sugere Chevigny, nas sociedades que se pretendem liberais democráticas não é politicamente aceitável para a polícia admitir a matança de um grande número de pessoas arbitrariamente. Ela precisa atuar sob o constrangimento da lei e a alegação de que o suspeito atirou primeiro aparece frequentemente como a justificação *a posteriori*.

Outro dado que nos chama atenção a respeito dessas mortes é a inalterabilidade da "taxa diária de mortos", a despeito do dia da semana, como se depreende das datas de suas publicações. A distribuição diária dos 210 casos que traziam essa informação é a que se segue:

Distribuição diária dos 210 casos de homicídio policial noticiados pela imprensa de set./1990 até set./1991

Dia da semana	Número de mortes/dia	Porcentagem
Segunda-feira	30	14,2
Terça-feira	29	13,8
Quarta-feira	30	14,2
Quinta-feira	34	16,1
Sexta-feira	35	16,6
Sábado	24	11,4
Domingo	28	13,3
Total	**210**	

Os dados da tabela mostram que matar pessoas se tornou quase uma rotina diária nas rondas policiais. Há muito isso deixou de ser um evento extraordinário, capaz de escandalizar a opinião pública...

Tortura, agressão ou tratamento e punição cruel, desumana ou degradante

As *agressões físicas* vêm em segundo lugar na lista das violações à integridade das pessoas. As características das vítimas são quase sempre as mesmas: jovens, muitos menores de idade, estudantes, *office boys*, ensacadores, auxiliares, mensageiros, ajudantes, meninos de rua... Com raras exceções, quem apanha da polícia na rua são os mesmos que apanham da vida, os que desconhecem seus direitos ou não têm como preservá-los.

Como a pobreza no Brasil é muito facilmente identificável, seja pelo vocabulário, pelas roupas ou ainda pelo porte físico e cor do indivíduo, a polícia reconhece quase com precisão quais são e quais não são os cidadãos "agredíveis" e "torturáveis". Pode-se mesmo dizer que a agressão e a tortura só se tornam um problema digno de atenção pública quando alguém comete um erro nesta identificação e percebe, tarde demais, que aquele negro era na verdade um jornalista e aquele outro rapazinho que recebeu uns safanões era sobrinho do coronel...

Diferentemente das agressões, que por vezes ocorrem em situações tensas com todos os envolvidos exaltados, as *torturas* são praticamente a sangue-frio, com o fito de extorquir ou obter confissões. A sociedade quer satisfações e por vezes é preciso arrumar um culpado.

Embora as denúncias de tortura tenham diminuído, graças a um controle e trabalho conjunto que vêm sendo desenvolvidos pela Corregedoria da Polícia Judiciária e pela Corregedoria da Polícia Civil, a tortura continua sendo empregada, especialmente na investigação dos crimes contra o patrimônio. Ainda que em uma proporção menor do que outrora, mesmo hoje, de acordo com as notícias da imprensa e o testemunho de vítimas, muitos dos suspeitos pobres que não disponham de recursos para o "acerto" passam sistematicamente pelo pau de arara, pelo "submarino" (imersão em tanques de água) e pelos choques elétricos nos distritos policiais.

Em São Paulo, como em todo o Brasil, a tortura e os maus-tratos são ainda administrados rotineiramente, nos recintos policiais militares ou em plena luz do dia. Mais do que sistemáticas, as torturas e maus-tratos de suspeitos e prisioneiros são quase que um "método de trabalho". Os aparatos de repressão, em suma, parecem ter ficado imunes às mudanças do sistema político. No contexto micropolítico, com algumas exceções, as práticas pouco se modificaram.

Também graves são as "batidas" e "arrastões", ações policiais desprovidas de qualquer fundamento legal e que prendem dezenas de pessoas "suspeitas" de uma vez só.

Como observou Paulo Sérgio Pinheiro, diretor do Núcleo de Estudos da Violência da USP, apesar de todos os indicadores — educacionais, de renda e de trabalho — demonstrarem a *discriminação dos negros*, o mito da democracia racial ainda persiste no Brasil. Qualquer um que já tenha presenciado uma batida policial sabe que os negros e mestiços são revistados e agredidos pela polícia em uma porcentagem alta relativamente à sua presença na população. Extremamente reveladora é a fala de um policial, ao revistar um agente do IAPAS, negro, que dirigia seu automóvel novo: "todo negro em carro novo para mim é suspeito", diz o policial, "e se correr eu atiro". O caso ainda ganha alguma notoriedade quando a vítima possui determinado nível financeiro e intelectual. As dezenas de discriminações diárias dos que, além de pobres, são negros, caem no esquecimento.

Ao contrário do que se poderia imaginar, ao menos em princípio, a população não aprova essas violências.

A se fiar nos dados de uma pesquisa sobre os direitos humanos realizada pelo IBOPE em 1990, a população avalia essas práticas como extremamente graves e condenáveis:

Avaliação das práticas policiais pela população

Prática policial	Nível de gravidade			
	Muito grave	Grave	Pouco grave	Nada grave
Prender sem razão	66	31	0	1
Invadir casas	65	29	3	1
Matar	58	27	4	2
Usar tortura para obter confissão	45	37	11	4

Obs.: faltam, para completar os 100%, as respostas "não sei" e "não informa".

Apesar de frequentemente utilizadas — por vezes contra inocentes, como nota a percepção popular — tais práticas não parecem estar contribuindo para uma avaliação positiva da instituição policial, uma vez que apenas 6% dos entrevistados concordaram totalmente com a afirmativa de que a polícia garante a segurança da população.

Avaliação da instituição policial pela população

	Nível de concordância			
	Concorda totalmente	Concorda em parte	Discorda em parte	Discorda totalmente
Polícia prende e mata gente inocente	40	42	4	9
Polícia garante a segurança da população	6	40	19	32

Obs.: faltam para completar os 100%, as respostas "não sei" e "não informa".

4

Local dos fatos:
Casa de Detenção

A Casa de Detenção é um estabelecimento prisional construído em 1954, no governo Jânio Quadros, na época com celas individuais, que deveria servir, tão somente, para presos processuais e condenados à pena de detenção.

Ao longo do tempo foi transformada em estabelecimento para cumprimento de todo o tipo de pena, com celas coletivas e uma capacidade atual para 3500 presos, sendo que no dia do massacre estava com 7257 detentos, ou seja, o dobro de sua capacidade (cf. planta do Anexo dos laudos periciais).

Nela se misturam primários com reincidentes, perigosos com não perigosos, assaltantes de banco com batedores de carteira, jovens com pouco mais de 18 anos com criminosos estruturados, "laranjas" (delinquentes inexperientes) com quadrilheiros, usuários de entorpecentes com traficantes, justiceiros com suas antigas vítimas que não foram eliminadas, formando um mundo à parte, cruel e violento.

A Casa de Detenção contraria todas as recomendações internacionais, quanto aos estabelecimentos penais terem no máximo 500 presos, bem como desrespeita todo o Capítulo II e VII do Título IV da Lei de Execução Penais, tendo sido palco de sucessivas revoltas e rebeliões.

Nunca, entretanto, em sua história, bem como na história do penitenciarismo brasileiro ou mundial, houve uma chacina de tão grandes proporções.

Nem mesmo a rebelião de Attica, nos Estados Unidos, considerada o evento prisional de maior mortandade da história moderna, em que pereceram 40 vidas humanas e que durou cinco dias, equipara-se ao massacre aqui verificado.

As condições de superlotação da Casa de Detenção fazem com que quase a metade de sua população não tenha trabalho e permaneça na ociosidade.

O corpo de funcionários, cerca de 500, é insuficiente para controlar o estabelecimento, e não possui nem formação adequada, nem salários condignos.

Sem dúvida, uma das causas das sucessivas tragédias naquele estabelecimento prisional é a sua própria existência, com uma superpopulação carcerária potencialmente explosiva.

5

Descrição dos fatos

Antecedentes

Segundo as informações unânimes de todas as 35 testemunhas ouvidas no inquérito, o massacre teve origem em uma briga entre dois presos no Pavilhão 9, por volta das 13h30min do dia 2 de outubro de 1992.

Essa briga degenerou em um grande tumulto naquele pavilhão, fato imediatamente levado ao conhecimento do diretor do presídio, Dr. José Ismael Pedrosa, às 14h.

O diretor, antigo funcionário do sistema penitenciário, dirigiu-se ao Pavilhão 9, com 2054 presos, onde encontrou o sr. Moacir dos Santos, diretor de segurança e disciplina, e o sr. Aparecido Fidelis, diretor do serviço de vigilância (cf. depoimentos de Fls. 79/86 e 91/100), dos quais recebeu informação de que a briga havia se generalizado em um grande conflito entre grupos rivais e os presos tinham expulsado os funcionários civis do local, advertindo que "era uma briga entre eles".

Em seguida, certificou-se de que não havia reféns ou qualquer reivindicação por parte dos presos: tampouco havia tentativa de fuga e todos os demais pavilhões estavam em absoluta calma. Essa tranquilidade continuou durante toda a invasão, mesmo com a violenta intervenção da Polícia Militar e com os ruídos dos disparos efetuados pela tropa entre 16h30min e 18h30min.

Diante das circunstâncias de que os funcionários civis haviam perdido o controle do Pavilhão 9, de lá tendo sido expulsos, o diretor da Casa de Detenção resolveu comunicar o fato para o coordenador dos Estabelecimentos Penais de São Paulo, Dr. Hélio Nepomuceno, para os juízes corregedores, drs. Luiz Augusto San Juan França, Fernando Antonio Torres Garcia e Ivo de Almeida, bem como para o assessor para assuntos penitenciários da Secretaria da Segurança Pública, Dr. Antonio Filardi Luiz.

Chegada da Polícia Militar e planejamento da operação

Por volta das 14h30min, chegava à Casa de Detenção o coronel Ubiratan Guimarães, comandante do Policiamento Metropolitano, que assumiu o comando de todas as operações da Polícia Militar no local e convocou para ali comparecer a tropa do Comando de Policiamento de Choque, composta do 1º, 2º e 3º Batalhões de Choque, que abrangem, entre outras unidades, a tropa da ROTA, conhecida por sua ação violenta (cf. noticiário da imprensa e gravíssimas denúncias feitas no livro do jornalista Caco Barcellos, *ROTA 66*, da Editora Globo), o Grupo de Ações Táticas Especiais (GATE) e o Comando de Operações Especiais (COE).

Com a chegada de todos os comandantes das unidades militares já mencionadas, e na presença dos juízes corregedores, drs. Ivo de Almeida e Fernando Antonio Torres Garcia, e do comandante do Policiamento Metropolitano, o assessor para assuntos penitenciários, depois de se comunicar com o Secretário da Segurança Pública, Dr. Pedro Franco de Campos, deu a seguinte ordem ao diretor da Casa de Detenção: "Dr. Pedrosa, passe o comando para o coronel Ubiratan", o que foi feito, tendo o Secretário, via rádio e telefone, dito para o coronel Ubiratan: "Coronel, o senhor está aí no local e veja o que é melhor fazer" (cf. depoimentos de Fls. 220/227 e 229/235).

O coronel Ubiratan, por volta das 15h30min, deu ordem à tropa de choque para estacionar do lado de fora da Casa de Detenção, a fim de entrar no interior do estabelecimento, no pátio conhecido como "Divineia", que se situa antes dos Pavilhões 6 e 9 (cf. planta do Anexo dos laudos periciais).

Reunidas as autoridades já mencionadas, deliberou-se que, antes de invadir o Pavilhão 9, o diretor da Casa de Detenção iria tentar uma negociação, sendo que o tenente-coronel Luiz Nakaharada cedeu-lhe, para isso, um megafone (cf. depoimentos de Fls. 280/282). Simultaneamente o coronel Ubiratan, na qualidade de comandante, reuniu-se com os demais oficiais e naquele momento ficou planejada, em alguns minutos, a operação (cf. depoimento do capitão Ronaldo Ribeiro dos Santos, Fls. 311/314). A ocupação por andares do Pavilhão 9 ficou assim distribuída: 2º andar — capitão Ronaldo Ribeiro dos Santos; 3º andar — Walter Alves Mendonça; 4º andar — capitão Arivaldo Sérgio Salgado; 5º andar — capitão Wanderley Mascarenhas de Souza (cf. depoimentos de Fls. 256/259, 301/304 e 382/385).

Neste ponto começaram a ser cometidos os gravíssimos erros que resultaram em uma enorme tragédia.

A operação, na verdade, não dispunha de um planejamento prévio; a tropa sequer conhecia a planta do local e a localização da escada de acesso aos andares superiores, tanto que o capitão Wanderley Mascarenhas de Souza precisou solicitar o auxílio de um preso que estava no térreo para encontrar o referido acesso. Na iminência da invasão, o Secretário da Segurança Pública, responsável pela administração do sistema penitenciário e da Casa de Detenção, estava ausente, apesar de conhecer a gravidade da operação que ia ser desencadeada. A ausência do Secretário da Segurança Pública contrariava toda uma tradição anterior, em que, sempre que houvesse problemas em estabelecimentos prisionais que exigissem uma invasão, o Secretário se fazia presente.

Momentos antes da invasão, via rádio e telefone, o Secretário deu a seguinte ordem para o coronel Ubiratan: "O senhor está no comando da operação e, se tiver que entrar no presídio, está autorizado" (cf. depoimento de Fls. 229/235 e relatório de Fls. 447/449).

Negociação frustrada

Por volta das 16h30min, estando acertada a necessidade de uma negociação prévia, preparava-se o diretor da Casa de Detenção para ingressar no Pavilhão 9, protegido por um grupo de escudeiros da Polícia Militar, quando veio a ser atropelado pelo restante da tropa da Polícia Militar ali existente já em grande número (cf. depoimento de Fls. 79/86), que entrou no local parecendo "um estouro da boiada" (conforme depoimento do assessor de assuntos penitenciários da Secretaria da Segurança Pública).

Com o abortamento da negociação que iria ser intentada pelo Dr. Pedrosa, ocorreu o outro grande erro de toda a operação.

Na origem destes erros encontra-se um grande equívoco cometido pelo governo do estado de São Paulo: transferir a administração do sistema prisional da Secretaria da Justiça para a Secretaria da Segurança Pública. Essa transferência foi feita contrariando a opinião de todos os antigos Secretários da Justiça do Estado, em depoimento público realizado na OAB/SP em 1990 (cf. Fls. 396/444), da própria Ordem, bem como da Comissão de Direitos Humanos da OAB/SP do Setor Carcerário da CNBB, da Associação dos Advogados Criminais de São Paulo, da Pastoral Carcerária, da Comissão de Justiça e Paz, da Comissão Teotônio Vilela e do Centro Santo Dias da Silva (cf. Fl. 395).

Aliás, o próprio governador, reconhecendo o equívoco, depois dos lamentáveis fatos ocorridos na Casa de Detenção, resolveu retirar a administração do sistema penitenciário da Secretaria da Segurança Pública e criar uma Secretaria de Assuntos Penitenciários, pois, como afirma com muita propriedade o atual Secretário da Segurança Pública, professor Michel Temer: "Quem prende não pode tomar conta de presos" (cf. entrevista publicada no jornal *O Estado de S. Paulo*, Anexo da imprensa, Fl. 64).

Invasão

Frustrada a negociação pela atitude precipitada da Polícia Militar, ocorreu a invasão por volta das 16h30min.

Neste momento, é bom que se frise, não havia tiros no interior do Pavilhão 9, mas tão somente uma grande briga com gritaria e arremesso de objetos em direção ao pátio, segundo depoimentos unânimes de todos os presos e funcionários civis ouvidos (cf. Fls. 114/144), do coordenador dos Estabelecimentos Penais do Estado de São Paulo (cf. Fls. 79/86, 89/100, 252/254 e 445/446), do assessor para assuntos penitenciários da Secretaria da Segurança Pública e dos juízes de Direito presentes no local (cf. depoimentos de Fls. 240/245, e relatório de Fls. 313).

É certo que alguns dos oficiais da Polícia Militar ouvidos afirmaram que ouviram tiros antes de ingressar no Pavilhão 9, e o coronel Ubiratan Guimarães chegou a dizer que foi recebido a tiros quando, juntamente com o capitão Mascarenhas, adentrou o Pavilhão 9 (cf. depoimentos de Fls. 220, 227 e 145/147). Entretanto, estas afirmações perdem totalmente a credibilidade quando se examinam os depoimentos do próprio capitão Mascarenhas, comandante do GATE, e do capitão Arivaldo Salgado, os quais contrariam totalmente a versão dada pelo coronel Ubiratan, ao dizerem que, no momento em que se dirigiam ao pátio interno do Pavilhão 9, não houve qualquer reação dos presos com armas de fogo, nem durante o tempo em que ali permaneceram, sendo que o comandante do GATE chegou até a precisar o tempo que ficou no andar térreo, sem ouvir tiros no Pavilhão 9, ou seja, dez minutos (cf. depoimentos de Fls. 229/235 e 382/385).

Como se vê, os depoimentos dos oficiais que afirmam ter havido tiros por parte dos presos não encontram guarida nos depoimentos de seus colegas.

A evidência da prova demonstra que a única e lamentável conclusão a que se pode chegar é que, nessa ocasião, às 16h30min sem qualquer negociação, 350 homens da tropa de choque da Polícia Militar, fortemente armados, inclusive com metralhadoras, invadiram o Pavilhão 9 em verdadeira operação de guerra e extermínio, atirando desde o momento em que entraram no pavilhão, sendo que não houvera nenhuma ação dos presos que justificasse tamanha violência.

A tropa ocupou, um a um, todos os pavimentos do Pavilhão 9, praticando uma chacina sem precedentes.

A matança generalizada ainda continuou quando alguns presos nus e dominados, sem possibilidade de defesa, foram mortos friamente (cf. depoimento de Fls. 114/135, laudo do Instituto de Criminalística e laudos de exame necroscópico, Anexo dos laudos periciais).

Uma vez ocupado o Pavilhão 9, os presos sobreviventes foram obrigados a ficar nus, retirados de suas celas e encaminhados para o pátio do andar térreo.

Durante essa operação de remoção para o pátio, segundo depoimentos dos presos, vários detentos foram friamente executados, sem qualquer motivo.

Matança generalizada

A verdade cruel dos fatos é que a brutal ação policial provocou a morte de 111 presos e que 110 detentos ficaram feridos. Os presos mortos, na sua imensa maioria, foram atingidos por disparos de arma de fogo quase todos na parte superior do corpo, em regiões letais (cabeça e coração). Registraram-se 167 disparos feitos pelas costas ou de cima para baixo, bem como tiros atingindo o braço e antebraço, em gestos típicos de defesa (cf. laudos de exame necroscópico, Anexo dos laudos periciais).

Em contrapartida, o laudo de local, muitíssimo bem elaborado pelo Instituto de Criminalística, (cf. Anexo dos laudos periciais), confirma que presos foram mortos dentro de suas celas com disparos efetuados de fora para dentro, ora de cima para baixo para atingir os presos que estavam sentados, ora na horizontal para atingir os presos de pé, na parte superior do corpo, ora no mezanino (beliche) das celas para atingir os presos que estavam deitados, conforme se vê pelas fotografias e pelos croquis das plantas, anexados ao laudo pericial, merecendo ênfase o croqui do 3º andar, onde se constata a execução de dezenas de presos dentro de suas celas, caracterizando de forma indiscutível uma enorme e horripilante chacina, sem antecedentes na história penitenciária brasileira e mundial.

A operação fulminante de ocupação do Pavilhão 9 começou às 16h30min e terminou por volta das 18h, quando todos os pavimentos estavam ocupados e os presos começavam a ser removidos, nus, para o pátio interno. A invasão foi uma verdadeira tática de *blitzkrieg*, própria para uma situação de guerra, mas totalmente inadequada para se dominar um conflito no interior de uma penitenciária.

A violência da operação, entre outras provas, está estampada nos inúmeros sinais de rajadas de metralhadoras demonstrados no laudo do Instituto de Criminalística, e que eram absolutamente inadequadas para a situação existente.

Segundo denúncia unânime dos presos, a matança teve três fases. A primeira foi durante a invasão, quando os detentos foram mortos nas celas. A segunda foi quando eram retirados para o pátio, depois de dominados, e a terceira ao retornarem para as celas, quando, inclusive, carregavam cadáveres (cf. depoimentos de Fls. 114/144).

A pessoa presa no regime democrático tem garantidos seus direitos individuais como cidadão, e a violência contra o delinquente sob a custódia do Estado não se justifica, pois o policial precisa saber conter o criminoso sem matá-lo. Além do mais, a ação descontrolada que houve na Casa de Detenção também tem atingido o cidadão comum nas ruas, conforme noticia o jornal *Folha de S.Paulo* na edição do dia 14 de novembro de 1992, sob o título "Polícia de São Paulo bate recorde de mortes" (Fls. 263 do Anexo da imprensa). No futuro, uma mesma situação de descontrole poderá ocorrer em um estádio de futebol, um festival de música popular ou uma manifestação pública, o que é inaceitável.

É preciso enfatizar que não está em julgamento a Polícia Militar, como instituição com mais de 160 anos de existência e uma tradição de bons serviços à coletividade, como ocorre com os bombeiros, a Polícia Feminina, a Polícia Rodoviária, a Polícia Florestal etc. O que se está analisando é o comportamento incrivelmente violento e descontrolado da tropa de choque da Polícia Militar no dia da ocupação do Pavilhão 9 da Casa de Detenção.

Acusação de furto de objetos pessoais dos presos pelos policiais militares

Uma informação muito grave dada pelos presos em seus depoimentos (cf. depoimentos de Fls. 114/144) e que precisa ser apurada, é a denúncia de que os presos que se encontravam nus, já dominados no pátio interno do Pavilhão 9, teriam tido seus pertences de uso pessoal, tais como correntes, anéis e relógios, furtados por policiais militares, que os vigiavam e os obrigavam a lhes entregarem esses objetos.

Presos e policiais militares feridos

Da invasão resultaram 111 presos mortos, 110 presos feridos, leves e graves, 18 policiais feridos, quase todos levemente, sendo que 6 com sinais de disparos de armas de fogo.

Do exame destes dados, salta à vista a desproporção dos meios empregados no controle do tumulto.

Aproximadamente, para cada policial ferido levemente, havia mais de 10 presos mortos e feridos, e, para cada um desses policiais, havia mais de 5 presos mortos com disparos em regiões letais, claro indicador da ocorrência de uma operação absolutamente descontrolada que redundou em um massacre, isso sem falar dos 176 disparos que foram efetuados pelas costas, o que é incompatível com qualquer possibilidade de defesa (cf. gráficos de Fls. 642/648, Anexo dos laudos periciais).

Por outro lado, cada preso recebeu em média 4,04 disparos e houve alguns que receberam 16, 13, 9, 8, 7, 6, ou 5 tiros, em uma verdadeira roleta macabra.

Apreensão de armas de fogo

Além da tragédia de mais de 100 mortes e de mais de 110 presos feridos, o ocorrido na Casa de Detenção traz à tona, mais uma vez, o lamentável hábito de maus policiais, que denigrem sua corporação, de colocarem armas de fogo ou entorpecentes para justificar ações indevidas e arbitrárias.

A prática não é nova e faz parte dos anais judiciários, onde se somam às centenas os casos de colocação de revólveres e entorpecentes para justificar ações ilegais, sendo que o caso nacional mais escandaloso e que se tornou um paradigma foi o da *ROTA 66*, descrito pelo jornalista Caco Barcellos em seu livro, já referido neste relatório.

No episódio da Casa de Detenção, maus policiais militares, extrapolando qualquer lógica, "plantaram" 13 armas de fogo no local, esquecendo-se de seus deveres e obrigações de agentes da lei e da ordem.

Vale lembrar que a ação militar no Pavilhão 9 começou às 16h30min e que até às 18h30min foi proibido o ingresso de qualquer civil na área, inclusive dos juízes.

Por volta das 21h o diretor da Casa de Detenção foi chamado por militares que lhe mostraram um carrinho carregado com dezenas de armas brancas, bem como um pano branco em cima do qual estavam 13 armas de fogo.

Considerando-se que a operação terminou às 18h30min supõe-se que essas armas tenham sido encontradas entre 18h30min e 21h, à noite, com 10 centímetros de água nos corredores, misturada com óleo, entulho e sangue, e considerando-se que as armas "encontradas" tinham coronhas de cor escura (cf. laudo pericial às Fls. 173/194), verifica-se que seria impossível a localização de tão grande quantidade de armas em uma situação de completa desordem e tumulto, isso sem se considerar que, neste mesmo espaço de tempo, a tropa ali existente, em número de 350 homens, precisou remover os 2054 ocupantes do Pavilhão 9 para o pátio, e depois recolocá-los nas celas.

Por outro lado, segundo o depoimento do diretor da Casa de Detenção, nos últimos 5 anos foram encontradas somente duas armas de fogo naquele estabelecimento prisional, considerando-se todos os seus pavilhões, o que dá uma média de 0,4 arma por ano. O diretor do serviço de vigilância (cf. Fls. 97/100) informou que nos últimos 12 anos foram encontradas 5 armas, o que mantém a média de 0,4 arma na Casa de Detenção.

Finalmente, o coordenador dos Estabelecimentos Penais do Estado de São Paulo informou que nos últimos 20 anos não foram encontradas armas de fogo nos mais de 30 estabelecimentos da rede oficial, mas tão somente armas de imitação, de madeira (cf. Fls. 240/245).

A isso se acrescentem as circunstâncias de que não houve nem tentativa de fuga nem refém, o que certamente teria ocorrido se os presos possuíssem armas de fogo.

Frise-se que os funcionários da Casa de Detenção, por uma questão de segurança pessoal, mesmo considerando-se a enorme população daquele presídio, sempre procuraram controlar o ingresso de armas de fogo, pois, caso contrário, estariam colocando em risco suas próprias vidas.

É certo que o coronel Ubiratan, em seu depoimento de Fls. 229/235, assim como outros oficiais, afirmou que haveria denúncia de setores de informações da Polícia Militar sobre a existência de armas de fogo naquele presídio, chegando a dizer que o fato foi comunicado ao Secretário da Segurança Pública. Essa declaração, entretanto, não merece a menor credibilidade, pois foi desmentida pelo próprio Chefe de Estado-Maior, coronel Hermes Cruz (cf. Fls. 284/285), e não foi referida pelo Secretário da Segurança Pública em suas informações prestadas às Fls. 447/449.

Por fim, o próprio representante do Secretário da Segurança Pública no local, Dr. Filardi, disse, sintomaticamente "que ... achou elevado o número de armas apreendidas: que dificilmente passariam pelo controle da fiscalização" (Fls. 220/227).

A afirmação decisiva para a versão do encontro das armas é feita pelos peritos que as examinaram, quando afirmam: "todas as armas apresentam em suas superfícies sinais de oxidação (corrosão), normalmente encontrados em condições de armazenagem em ambientes inadequados" (Fls. 177).

Ou seja, as armas "plantadas" constituem os famosos "cabritos", que, no jargão policial, são sinônimos de armas colocadas artificialmente nos locais de crime para justificar ações ilegais. Essa conduta ultrajante, de colocação de 13 armas, constitui crime previsto no art. 347 do Código Penal, que dispõe:

"Art. 347: Inovar artificiosamente na pendência de protesto civil ou administrativo, o estado de lugar, de coisa ou de pessoa, com o fim de induzir a erro o juiz ou o perito.

"Pena: Detenção, de três meses a dois anos, e multa, de dois mil cruzeiros a vinte mil cruzeiros.

"Parágrafo único: Se a inovação se destina a produzir efeito em processo penal, ainda que não iniciado, as penas aplicam-se em dobro".

Como se vê, o encontro das armas foi uma grande farsa para justificar o injustificável, e seus autores precisam ser descobertos e punidos, criminal e administrativamente, com sua expulsão da Polícia Militar.

Localização dos cadáveres

Outra prova de fraude é o fato de que os presos mortos nos vários locais e andares, quase todos dentro das suas celas, foram removidos para o *hall* do 2º andar e para a sala de esportes, onde foram empilhados 98 corpos, conforme se vê pelas fotografias que instruem o laudo do Instituto de Criminalística (cf. Fls. 03/148, Anexo dos laudos periciais).

Todos os oficiais ouvidos admitem que os corpos foram removidos, mas ninguém assume a ordem criminosa caracterizadora de mais um ilícito praticado por maus policiais militares naquele dia e também previsto no art. 347 do Código Penal.

Contudo, como diz um velho axioma, o crime não é perfeito. Os policiais militares, na pressa da remoção dos corpos, esqueceram-se de eliminar a prova incontestável da chacina: os 10 cadáveres esquecidos no xadrez 375-E do 3º andar, que apresenta sinais de rajadas de metralhadoras nas paredes, conforme se vê nas fotografias e nas plantas do laudo do Instituto de Criminalística. Esqueceram, ainda, um outro corpo no xadrez em frente e 2 corpos nos 4º e 5º andares, o que dá um total de 13 cadáveres que, somados aos 98 do 2º, aos 8 que foram removidos para o Pronto-Socorro de Santana e aos 2 que se achavam na enfermaria, dá a cifra de 111 mortos.

O fato de ter encontrado corpos no xadrez 375-E e nos 4º e 5º andares, foi comunicado aos drs. João Benedicto de Azevedo Marques e Ricardo Carrara, quando visitaram a Casa de Detenção no dia 4 de outubro por determinação do presidente da OAB/SP, Dr. José Roberto Batochio, sendo que o relatório dessa visita se acha às Fls. 173/174. Naquela ocasião, o diretor da Casa de Detenção comunicou aos advogados já mencionados que os corpos foram encontrados sentados ou deitados, encostados junto à parede, sem nenhuma arma junto aos mesmos, com nítidos sinais de execução, o que, aliás, foi confirmado pelo laudo do Instituto de Criminalística, em especial pelo croqui que demonstra que naquele xadrez foram disparadas várias rajadas de metralhadora contra presos absolutamente indefesos (cf. Anexo dos laudos periciais).

Segundo o depoimento dos presos, vários detentos que transportavam cadáveres teriam sido mortos durante essa operação.

Também confirmando que os presos foram mortos no interior de suas celas, além dos corpos encontrados no xadrez 375-E e nos 4º e 5º andares, já mencionados, existem os depoimentos de vários presos (cf. Fls. 114/144), sendo que essas informações são confirmadas pela perícia criminal que demonstrou de forma irretorquível que os disparos foram feitos de fora para dentro das celas.

Existe também nos autos o depoimento impressionante do preso Ademir Polidoro, que assistiu à execução de um seu colega indefeso, quando, já rendidos e nus, preparavam-se para descer a escada: ele foi morto tão somente porque hesitou em um momento da caminhada. Este depoimento está retratado no vídeo anexado ao relatório.

Ausência do Secretário da Segurança Pública e do Promotor Corregedor dos Presídios

O Secretário da Segurança Pública, via rádio e telefone, bem como através de seu assessor, Dr. José Caleiro Filho, foi informado da existência de um problema na Casa de Detenção por volta das 15h, tendo determinado que o assessor para assuntos penitenciários, Dr. Antonio Filardi Luiz, comparecesse àquele presídio para acompanhar o desenrolar dos fatos (cf. depoimento do coronel Ubiratan, e relatório de Fls. 229/235, 447/449).

Sua Excelência acompanhou todo o desenrolar dos acontecimentos em seu gabinete, recebendo informações do próprio Dr. Filardi e do coronel Ubiratan Guimarães, comandante do Policiamento Metropolitano e de toda a operação.

O Secretário da Segurança Pública, segundo informação do mesmo e do próprio coronel Ubiratan, esclareceu que, sendo aquele oficial o comandante da Polícia Militar no local, poderia entrar com a tropa no Pavilhão 9, em caso de necessidade.

O Secretário da Segurança Pública, entretanto, não compareceu ao local, nem antes, nem durante, nem depois da invasão, não tendo procedido como tradicionalmente o faziam os Secretários da Justiça quando a administração do sistema penitenciário pertencia àquela pasta.

Igualmente, não compareceu ao local, como deveria ter feito, o promotor incumbido da fiscalização da Casa de Detenção. Sendo ele o fiscal da lei de execução penal, não poderia estar ausente, até porque no local havia três juízes corregedores.

Sonegação de informações

Infelizmente, um evento com 111 presos mortos, 110 detentos feridos e 20 policiais militares feridos, foi escondido da opinião pública, e dos familiares dos presos, causando-lhes pânico e desespero. O governo do Estado, como admitiu o próprio Secretário da Segurança Pública, somente divulgou o número total de mortos 24 horas depois, no dia 3 de outubro, por volta das 16h.

Papel dos juízes

Os depoimentos dos funcionários civis e dos policiais militares comprovam que os juízes corregedores, drs. Fernando Antonio Torres Garcia e Ivo de Almeida, estiveram no local antes da invasão da Polícia Militar, e o Dr. San Juan França chegou logo em seguida.

É certo que os juízes apoiaram a ideia de negociação prévia, tendo, inclusive, autorizado ao Dr. José Ismael Pedrosa, diretor da Casa de Detenção, a comunicação deste fato aos presos (cf. relatório de Fls. 145/147).

Infelizmente, entretanto, a participação dos magistrados foi muito limitada, não tendo exigido da tropa que a mesma entrasse sem armas de fogo, já que até o momento da invasão não se ouviam tiros.

No passado, o juiz corregedor sempre teve um papel muito forte em situações semelhantes, que precisa ser urgentemente restabelecido.

Ao tempo dos atuais (alguns deles já aposentados) e eminentes, desembargadores Valentim Alves da Silva, Nelson Fonseca, Amador da Cunha Bueno, Paulo Recife, Nelson Figueiredo Cerqueira, Renato Laercio Talli e José Manuel Franceschini, nenhuma invasão ocorria sem ordem expressa do juiz corregedor, que costumava fazer recomendações e advertências ao comandante da operação, o que, contudo, não ocorreu no caso em exame.

Depoimentos dos presos

Os depoimentos dos presos são uniformes e coincidem com os depoimentos dos funcionários civis, no sentido de que tudo começou com uma briga, transformada em um grande tumulto, por sua vez seguido da expulsão dos funcionários, sem reféns e sem tentativa de fuga. Também é unânime a informação de que a tropa da Polícia Militar entrou atirando, não portando os detentos qualquer arma de fogo.

Enfatizam, inclusive, que entre eles havia assaltantes habituados a atirar, e que, se portassem armas de fogo, teriam feito reféns e tentado fugir, além de matar policiais militares.

Os depoimentos dos presos têm lógica, já que poucos policiais militares apresentaram ferimentos com armas de fogo, e quando isso ocorreu foram ferimentos leves, que poderiam decorrer de ricochetes de tiros efetuados pelos próprios policiais militares. Aliás, sintomaticamente, não se recolheu no local nenhum projétil, com exceção de um incrustado na parede, segundo informaram os peritos que elaboraram o laudo.

Os presos se queixaram, em uníssono, da violência da tropa invasora, em especial da ROTA. Alegaram o fato de estarem desarmados e de não terem oposto qualquer reação. Lembraram a circunstância dramática de verem seus colegas seres mortos quando transportavam cadáveres ou então dentro de suas próprias celas. Também fizeram graves acusações quanto ao furto de objetos pessoais.

Reclamara, ainda, da falta de assistência judiciária e da lentidão das decisões da Vara de Execuções Criminais.

Alguns depoimentos são extremamente dramáticos, já que houve presos que assistiram às execuções de colegas absolutamente indefesos (*ad cautelam*, os depoimentos dos presos foram devidamente gravados, e as fitas anexadas ao relatório).

Análise dos laudos periciais

Se alguma dúvida pudesse existir quanto à ação extremamente violenta da Polícia Militar, esta seria completamente afastada pelos laudos periciais do Instituto Médico-Legal e do Instituto de Criminalística.

Aqui cabe lembrar que o laudo pericial é, sem dúvida, a melhor prova da investigação criminal e do processo penal, porque é técnico, embasado em conhecimentos científicos e, por isso, imparcial e objetivo com relação às demais provas.

A importância da perícia médico-legal é salientada pelo professor Flamínio Fávero, que lembra ser função do juiz julgar os fatos e quando "esses fatos não são esclarecidos suficientemente por testemunhas comuns ou presunções e nem pelo próprio Juiz que recorre, então, aos préstimos de técnicos habilitados máxime no que diz com a caracterização e interpretação dos fenômenos existentes" (*Medicina Legal*, 7. ed., v. I, p. 37, Martins, 1962).

Já à Polícia Técnica cabe esclarecer o crime e descobrir o criminoso, quando houver dúvidas, pois como ensina o ilustre professor Arnaldo Amado Ferreira, existe "a necessidade imprescindível da organização de um corpo de técnicos perfeitamente experimentados, competentes, para estudar os indícios encontrados nos locais de crime, interpretá-los, à luz dos conhecimentos científicos e, portanto, descobrir o criminoso e esclarecer o crime" (*Da Técnica Médico-Legal na Investigação Forense*, v. I, p. 90, Revistas dos Tribunais, 1962).

Ora, os laudos do Instituto Médico-Legal e do Instituto de Criminalística completam-se em uma situação de absoluta harmonia e suas conclusões não deixam margem a qualquer dúvida quanto às circunstâncias de ocorrência de um grande massacre.

Com relação ao Instituto de Criminalística, é importante que se salientem os seguintes pontos caracterizadores de chacina:

1) parte dos 111 mortos estavam ajoelhados, sentados ou deitados;

2) os tiros foram disparados em posição mais elevada em relação aos corpos;

3) alguns presos foram mortos como se estivessem em posição de defesa;

4) 103 presos morreram baleados;

5) 103 dos 111 mortos receberam 515 tiros;

6) 2 presos foram atingidos com 16 tiros;

7) 16 presos morreram com 15 tiros;

8) 19 presos morreram com 13 tiros;

9) 3 presos morreram com disparos feitos a menos de 50 centímetros;

10) as áreas de maior incidência de ferimentos foram cabeça, peito e costas.

De inestimável valia na caracterização do massacre são os pareceres técnicos elaborados pelo Departamento de Medicina Legal da Unicamp, através do eminente perito professor Fortunato Badan Palhares e do Departamento de Medicina Legal da Universidade de São Paulo.

Cronologia dos acontecimentos

■ Dia 2 de Outubro de 1992

14h30min

O diretor da Casa de Detenção, Dr. José Ismael Pedrosa, é informado de uma briga entre dois presos do Pavilhão 9, que acaba se transformando em um grande tumulto.

15h

Os presos expulsam os agentes penitenciários e formam barricadas no acesso do Pavilhão 9.

15h05min

Soa o alarme e, em seguida, via rádio, a Secretaria da Segurança Pública é informada dos fatos.

15h30min

Chegada ao local da tropa de Polícia Militar (350 homens).

16h

O assessor para assuntos penitenciários da Secretaria da Segurança Pública, Dr. Antonio Filardi Luiz, determina ao diretor da Casa de Detenção que passe o comando para o coronel Ubiratan Guimarães, comandante do Policiamento Metropolitano.

Pouco depois, o coronel Ubiratan Guimarães, comandante de toda a operação da Polícia Militar no local, Wilton Brandão Barreira Filho, comandante do Comando de Policiamento de Choque, Antonio Chiari, comandante do 1º Batalhão de Choque, Edson Faroro, comandante do 2º Batalhão de Choque e Luiz Nakaharada, comandante do 3º Batalhão de Choque, juntamente com os juízes corregedores drs. Ivo de Almeida e Fernando Torres Garcia, e o assessor para assuntos penitenciários, Dr. Filardi, deliberam que haveria uma prévia negociação a ser feita pelo diretor da Casa de Detenção, como aliás ele mesmo havia sugerido, com o apoio dos juízes corregedores.

16h30min

Arrombado o portão de acesso do Pavilhão 9, o diretor da Casa de Detenção, na hora em que se preparava para entrar protegido por um grupo de escudeiros da tropa de choque da Polícia Militar, é atropelado pelo restante da tropa, em um "verdadeiro estouro da boiada", no dizer do Dr. Filardi, abortando-se, desta forma, a negociação que ia ser tentada pelo diretor da Casa de Detenção.

16h30min

Até este momento não havia tiros no interior do Pavilhão 9, como unanimemente informam todos os funcionários civis e os presos.

16h30min

O coronel Ubiratan Guimarães, comandante da operação, que já havia recebido ordens do Secretário da Segurança Pública no sentido de invadir o presídio se necessário, precipita-se e autoriza a invasão, e a tropa, em operação absolutamente descontrolada, depois de atropelar o diretor da Casa de Detenção, ingressa atirando, sendo que a partir deste momento ficou proibida a entrada de civis no prédio, inclusive dos juízes.

16h30min–18h

Neste período ouve-se intensa fuzilaria intermitente. Proibição de acesso de civis ao Pavilhão 9. Retirada de oito corpos de presos. O coronel Ubiratan retira-se do local em razão de uma explosão. Assume o comando o coronel Parreira.

18h30min

A Polícia Militar autoriza o ingresso das autoridades civis no Pavilhão 9, mas somente no pátio, onde se vê uma multidão de presos nus, sentados e cercados pela tropa e por cães.

20h

Inicia-se a operação de retorno dos presos, em grupos de dez, para as celas.

21h

É apresentado ao diretor da Casa de Detenção um lençol contendo 13 armas de fogo e um carrinho carregado de armas brancas. Ainda não era permitido, aos funcionários da Casa de Detenção, o acesso aos andares superiores.

23h

O diretor, acompanhado de seus funcionários, chega ao *hall* do 2º andar, onde encontra 98 cadáveres que para ali foram removidos pelos próprios presos a mando dos soldados.

23h–Madrugada

Remoção dos cadáveres em veículos providenciados pelo diretor da Casa de Detenção e entregues em diversos postos do Instituto Médico-Legal.

■ Dia 3 de Outubro de 1992

Funcionários da Casa de Detenção encontram 10 cadáveres na cela 375-E, sentados ou deitados, com sinais de fuzilamento, bem como um cadáver na cela em frente e mais dois cadáveres no 4° e 5° andares.

Antecedentes criminais e funcionais dos policiais

Além da Polícia Militar ter utilizado a ROTA, uma tropa conhecida por sua agressividade, é importante salientar que quase todos os oficiais envolvidos na operação respondem a inúmeros processos criminais, a maioria dos quais não terminados, conforme se vê pelas folhas de antecedentes (Fls. 452/459) e certidões do Tribunal de Justiça Militar (Fls. 735/739).

Chama particularmente a atenção a situação dos seguintes oficiais, todos envolvidos em processos na Justiça Militar: coronel Hermes Bittencurt Cruz, coronel Ubiratan Guimarães, coronel Wilton Brandão Parreira Filho, coronel Edson Faroro, tenente-coronel Antonio Chiari, tenente-coronel Luiz Nakaharada, capitão Wanderley Mascarenhas de Souza, capitão Cleodir Fioravante Nardo, capitão Alberto Silveira Rodrigues, capitão Valter Alves Mendonça, capitão Ronaldo Ribeiro dos Santos, capitão Arivaldo Sérgio Salgado, tenente Salvador Modesto Madia e tenente Aércio Fornela Santos.

Ao todo são mais de 148 processos, na sua grande maioria referentes a homicídios e tentativas de homicídio, nos famosos "confrontos" onde quase sempre "aparecem" armas nas mãos das vítimas (cf. certidão de Fls. 735/9 e depoimentos dos oficiais da Polícia Militar).

É importante consignar que, em razão de contato mantido entre o Dr. João Benedicto de Azevedo Marques e o diretor do Instituto de Identificação Ricardo Gumbleton Daunt, colheu-se a informação de que os policiais militares que respondem a inquérito policial militar não são relacionados naquele Instituto.

Assim sendo, os policiais militares que tenham praticado crimes em função de policiamento, oficialmente não registram antecedentes criminais e essa prática, sem dúvida, precisa ser alterada.

6

Repercussões nacionais

O episódio repercutiu intensamente na imprensa escrita, falada e televisionada (cf. Anexo da imprensa e vídeo).

Em nível estadual, além dos inquéritos civil e militar, foi instalada uma Comissão Especial de Investigação na Assembleia Legislativa, cujos trabalhos estão em andamento.

Em nível nacional, há um pedido de Comissão Parlamentar de Inquérito, no Congresso Nacional, sendo analisado.

A Comissão de Inquérito recebeu vários ofícios de entidades de direitos humanos, associações profissionais e manifestações de centenas de cidadãos indignados e exigindo a completa apuração dos fatos e a punição dos responsáveis.

O massacre coincidentemente ocorreu alguns dias depois que o Congresso Nacional havia autorizado o processo de *impeachment* do Presidente da República, após intensa mobilização popular, que havia projetado o País no concerto das nações, como exemplo de democracia. Por isso, o fato ocorrido na Casa de Detenção causou grave dano à imagem internacional do Brasil, perplexidade e constrangimento em toda a Nação, cuja consciência jurídica exige a severa punição dos culpados.*

---

* Estranhamente, os inquéritos policiais civis e militares não encontraram culpados. O comandante da Polícia Militar insiste na legalidade da ação policial e até março de 1993 ninguém foi punido. Até quando a impunidade continuará prevalecendo entre nós?

7

Repercussões internacionais

O massacre da Casa de Detenção teve profunda repercussão internacional. O fato foi noticiado em toda a imprensa mundial, através do rádio, televisão, jornais e revistas. Foram feitos pronunciamentos de entidades internacionais de defesa dos direitos humanos.

A ação precipitada, desastrada, descontrolada e violenta da tropa da Polícia Militar que invadiu a Casa de Detenção colocou o Brasil no banco dos réus, na Comissão Interamericana de Direitos Humanos da Organização dos Estados Americanos (cf. Fl. 20, Anexo das repercussões internacionais), o que, lamentavelmente, não é a primeira vez que ocorre, já que em 1989 foi formulada outra queixa naquele órgão contra nosso país (cf. Fl. 20, Anexo das repercussões internacionais), por ocasião da chacina de 18 presos em um distrito policial de São Paulo.

Além disso, a Anistia Internacional fez uma representação ao Exmo. Sr. Ministro da Justiça, demonstrando sua preocupação com os acontecimentos e o ceticismo quanto à atuação dos órgãos

História de um massacre

oficiais na apuração dos fatos (cf. Fl. 36, Anexo das repercussões internacionais).

A Organização de Defesa dos Direitos Humanos *America's Watch*, mandou um representante seu ao Brasil, que elaborou um relatório intitulado *Brasil: Massacre na Casa de Detenção em São Paulo*, com graves acusações à ação da Polícia Militar naquele presídio (cf. Fl. 9, Anexo das repercussões internacionais).

Igualmente, os serviços Paz e Justiça do Panamá (cf. Fl. 28, Anexo das repercussões internacionais) e do Equador (cf. Fl. 29, Anexo das repercussões internacionais) manifestaram sua profunda preocupação com a violência da ação policial.

Independentemente dos protestos internacionais, o Brasil como nação que está saindo de um pesadelo ditatorial e hoje é um estado democrático e de direito, deve, através das instituições oficiais Polícia e Ministério Público, e do Poder Judiciário, dar uma resposta firme ao massacre da Casa de Detenção, com a exemplar punição dos culpados, reformular a política de Segurança Pública, dando segurança aos cidadãos sem violência e arbítrio, e reformar o sistema penitenciário, para que não haja a impunidade dos criminosos e para que os direitos humanos sejam também integralmente respeitados.

8

Controle da criminalidade

A escalada da violência policial descrita nos capítulos anteriores, e da criminalidade em geral, fartamente noticiada pela imprensa, torna imperiosa a necessidade do Ministério da Justiça de formar uma Comissão para estudar o controle da violência que ameaça a sociedade brasileira, bem como a reformulação das políticas de Segurança Pública e do sistema penitenciário, como dramaticamente demonstra o massacre da Casa de Detenção.

A sociedade e o Estado brasileiro precisam fazer uma profunda reflexão sobre a falência da ação estatal no controle da criminalidade, pois o cidadão tem direito à segurança que não lhe é oferecida.

9

Conclusão

Considerados todos os elementos coligidos ao longo do inquérito, principalmente os depoimentos e laudos periciais, a única conclusão possível é a de que houve uma ação sem planejamento adequado, sem coordenação, criminosa, violenta e irresponsável, da qual resultaram 111 presos mortos e 110 feridos, o que, sem dúvida, constitui um verdadeiro massacre, sem qualquer precedente na história do penitenciarismo mundial.

A Polícia Militar do Estado de São Paulo, pelos integrantes da tropa de choque, assassinou, sem qualquer justificativa, 111 presos sob a custódia e responsabilidade do Estado, do que deriva responsabilidade penal dos autores e civil do Estado.

Tais responsabilidades da ação emergem de forma clara e indiscutível e deverão ser apuradas pelas autoridades estaduais incumbidas da investigação, em especial o Ministério Público do Estado de São Paulo, havendo a necessidade tanto de processo criminal como de processo civil de indenização.

No caso da responsabilidade penal, é nítido que existem dois tipos de autoria, uma imediata e direta, de quem executou a operação, ou seja, os 350 homens que invadiram o Pavilhão 9, e outra mediata e indireta, de quem comandou a operação. Por isso, será de todo conveniente que o processo penal que vier a ser instaurado seja desmembrado para que não se torne infindável, transformando-se numa grande farsa.

O importante e fundamental é que o fato representado pelo massacre não permaneça impune, que seus autores imediatos ou mediatos sejam exemplarmente punidos, sendo que os policiais militares deveriam ser expulsos da corporação, já que comprometeram a imagem tradicional de bons serviços prestados pela instituição ao longo de seus 160 anos de existência, bem como a imagem do País como nação democrática e civilizada e, por isso, respeitadora dos direitos e garantias individuais inscritos na Constituição Federal e dos direitos humanos enumerados na Declaração Universal dos Direitos do Homem.

10

Recomendações administrativas referentes ao Estado de São Paulo

Tendo em vista o que foi apurado, a curto prazo, sugerimos:

1) Reformulação, reavaliação e reciclagem do treinamento da Polícia Militar na ação de prevenção e repressão da criminalidade, tendo em vista o respeito aos direitos e garantias individuais e a necessidade de se combater com energia, mas sem violência, a criminalidade.

2) Realização de mutirões judiciários, envolvendo o Poder Judiciário, a Ordem dos Advogados, o Ministério Público, a Procuradoria-Geral do Estado e os peritos médicos, visando à agilização de benefícios pleiteados na Vara de Execuções Criminais, a exemplo do que já ocorreu em 1983, no estado de São Paulo, quando esse trabalho foi elogiado pelo Conselho Nacional de Política Criminal e Penitenciária e recomendada sua extensão a todos os Estados da Federação.

3) Diminuição sensível da atual superlotação da Casa de Detenção, fator que tem contribuído para tumultos e rebeliões naquele estabelecimento.

4) Reciclagem do pessoal penitenciário, com melhores níveis de remuneração.

5) Estudo da viabilidade da divisão administrativa da Casa de Detenção em duas ou três unidades autônomas, para que haja mínima possibilidade de algum controle efetivo sobre a massa da população.

6) Diminuição sensível da população da Casa de Detenção, para que possa haver um melhor controle dos presos pela administração.

A médio prazo sugerimos:

1) Construção de novos estabelecimentos penitenciários, dentro dos padrões fixados pelas normas internacionais e do Departamento Penitenciário Nacional, para substituir a Casa de Detenção, bem como resolver o problema da superlotação existente nos distritos policiais da Grande São Paulo.

2) Reformulação da legislação penal para que a prisão fechada seja destinada exclusivamente para delinquentes violentos, reincidentes e que tenham cometido crimes graves.

11

Recomendações administrativas de natureza geral para todos os Estados da Federação

Tendo em vista os eventos ocorridos na Casa de Detenção, recomenda-se, às autoridades responsáveis pelo sistema penitenciário, o seguinte:

1) O sistema penitenciário não deve estar na Jurisdição da Secretaria da Segurança Pública, pois quem prende jamais deve tomar conta do preso.

2) Em caso de tumulto ou rebelião em estabelecimento prisional devem ser obedecidas as seguintes recomendações:

   a) Negociação prévia sempre que possível.

   b) Inicialmente, a tentativa de controle do tumulto ou da rebelião deve obrigatoriamente ser tentada pelo pessoal civil do estabelecimento, sem qualquer interferência da Polícia Militar.

c) Em caso de impossibilidade de controle da situação, devem ser convocados imediatamente para comparecer ao local o diretor geral do sistema penitenciário, o juiz e o promotor corregedor dos presídios, para, em conjunto com a administração, tentar controlar a situação, sempre tendo em vista a abertura de negociações.

d) Se a negociação for totalmente impossível, deve ser convocado para o local o Secretário de Estado responsável pela administração prisional, em geral o Secretário da Justiça e o Secretário da Segurança Pública, para, em conjunto com o juiz e o promotor corregedor dos presídios, decidir sobre a melhor forma de controlar a situação e a necessidade de intervenção policial.

e) Sempre que possível, a tropa da Polícia Militar deverá ingressar no local protegida com roupas apropriadas, identificadas, com armas de fogo municiadas com projéteis de borracha e bombas de efeito moral e de gás, que deverão ser utilizadas com a cautela necessária.

f) Somente deverão ser utilizadas armas de fogo com munição real em último caso, evitando-se, sempre que possível, o confronto direto.

g) Sempre que possível, deverá ser evitado o uso de metralhadoras, em especial em forma de rajadas, como ocorreu na Casa de Detenção em São Paulo.

h) Deve sempre existir tropa da Polícia Militar especialmente preparada para este tipo de ação, com planejamento detalhado e conhecimento do local, através de plantas que deverão estar sempre à disposição dos comandantes destas operações, de tal forma que a tropa conheça o local onde irá atuar.

i) Alterar a sistemática de informação no caso de policiais militares que tenham praticado crimes que sejam objetos de inquéritos policiais militares, de tal forma que o encarregado do inquérito seja obrigado a comunicar o fato ao Instituto de Identificação, que fará a devida anotação.

12

Responsabilidades criminais

Tendo em vista a ocorrência de crimes de homicídio, tentativa de homicídio, lesões corporais leves, graves e gravíssimas e fraude processual, deve ser enviada cópia de todo o inquérito ao Procurador-Geral de Justiça do Estado de São Paulo para as providências cabíveis.

13

Responsabilidade civil

Como os presos se encontravam em um estabelecimento oficial, sob a custódia do Estado, devem ser intentadas ações de indenização contra o Estado de São Paulo, e para tanto devem ser enviadas cópias dos autos ao Procurador-Geral de Justiça do Estado de São Paulo, ao Procurador-Geral do Estado e à OAB/SP.

14

Comunicação ao Juiz das Execuções Criminais

Tendo em vista que os presos em seus depoimentos fizeram denúncias de violências praticadas por funcionários civis, bem como de atos de corrupção, e reclamações quanto à assistência judiciária e concessão de benefícios e cumprimento de decisões judiciais, como é o caso do preso (cf. Fls. 137/139) que alega ter tido a concessão do regime semiaberto há mais de um ano e ainda se encontra na Casa de Detenção em regime fechado, devem ser extraídas cópias daqueles depoimentos e enviadas ao Exmo. Sr. Juiz das Execuções Criminais do Estado de São Paulo.

15

Comunicação ao Procurador-
-Geral da República

Tendo em vista a gravidade dos fatos relatados, as graves repercussões nacionais e internacionais, bem como a violação dos direitos humanos fundamentais, deve ser enviada cópia de todo o inquérito à Procuradoria-Geral da República, para as providências legais cabíveis. É imperioso acompanhar atentamente a ação das autoridades estaduais, cujas atitudes, como o não indiciamento de nenhum participante do massacre, levantam a suspeita de impunidade.

16

Comunicação ao Tribunal de Justiça de São Paulo

A participação dos juízes corregedores dos presídios está descrita no Capítulo 5, na seção intitulada "Papel dos Juízes", e precisa ser avaliada pelo Tribunal de Justiça, tendo em vista eventos futuros que poderão ocorrer no sistema penitenciário.

17

Comunicação ao Corregedor Geral do Ministério Público

Nem no dia da invasão, nem antes, nem durante, nem depois dela, esteve no local o promotor corregedor dos presídios ou um membro do Ministério Público que tenha esta função, e como o Ministério Público, por lei, é o fiscal da execução penal, devendo visitar os presídios a cada trinta dias, a ausência dessa pessoa no dia dos fatos que tiveram tão graves consequências deve ser objeto de análise da Corregedoria do Ministério Público, e para tanto cópia de todo o inquérito deverá ser enviada ao Corregedor Geral do Ministério Público.

18

Extinção da competência da Justiça Militar Estadual para julgamento de policiais militares que tenham praticado crime comum

A atuação da Justiça Militar Estadual no julgamento de crimes comuns praticados por policiais militares teve início em razão da Emenda n. 7 de 1977, que foi confirmada pelo art. 124, parágrafo único da Constituição Federal, que transferiu para esta Justiça Especial o julgamento dos policiais militares que tivessem praticado crimes previstos no Código Penal. Sendo a Justiça Militar corporativa e essencial, é evidente que não poderia ser encarregada de apurar delitos praticados pelos integrantes da Polícia Militar. Aliás, esta solução constitucional, confirmada pelo Código Penal Militar, contraria toda a tradição do Direito Penal, Processual Penal e Constitucional brasileiro.

Neste ponto, é importante lembrar a lição do grande jurista Lauro de Camargo, que dizia: "A Justiça Militar existe para julgar os crimes militares e não os crimes dos militares".

É evidente que crime praticado em função de policiamento não é crime militar nem no Brasil, nem em país civilizado nenhum do mundo.

Por outro lado, esta competência privilegiada dada aos policiais militares, cria uma situação de profunda desigualdade em relação aos policiais civis, que em idêntica situação são julgados pela Justiça Comum.

Coincidentemente, com a passagem da competência para a Justiça Militar Estadual, a partir de 1977, verificou-se um crescimento espantoso de crimes praticados por policiais militares em função de policiamento e nos famosos "confrontos", conforme se vê pela estatística publicada no jornal *Folha de S.Paulo* do dia 14 de novembro de 1991, que se encontra no Anexo da imprensa (Fl. 263). Os dados são fornecidos pela própria Polícia Militar e indicam a seguinte escalada:

1981 — 300 mortos

1982 — 286 mortos

1983 — 328 mortos

1984 — 481 mortos

1985 — 585 mortos

1986 — 399 mortos

1987 — 305 mortos

1988 — 294 mortos

1989 — 532 mortos

1990 — 585 mortos

1991 — 1171 mortos

1992 — 1264 mortos (até o mês de outubro)

Ora, se for considerado que na cidade de Nova York, tão violenta quanto São Paulo, em 1991 houve 27 mortes em confrontos, conforme informações prestadas pelo Núcleo de Estudos de Violência da USP, nota-se que alguma coisa errada está acontecendo.

Por isso, há que haver uma mudança legislativa extinguindo-se, imediatamente, a malfadada competência da Justiça Militar Estadual para o julgamento de policiais militares que praticam crimes comuns, ficando a cargo da Justiça Militar tão somente o julgamento dos crimes militares.

Nesse sentido, já existe em tramitação, no Congresso Nacional, projeto de lei dos deputados Hélio Bicudo e Cunha Bueno, o qual é, em seguida, transcrito em anexo, bem como endossado por esta Comissão, entendendo que o Governo deveria agir politicamente junto ao Congresso Nacional visando à mais rápida aprovação do texto e restabelecendo a tradição do Direito Penal, Processual Penal e Constitucional brasileiro, sem prejuízo de que na reformulação constitucional de 1993 haja norma expressa de vedação do julgamento de policiais militares que tenham praticado crime comum pela Justiça Militar Estadual.

Por último, é oportuno lembrar a posição jurisprudencial do Supremo Tribunal Federal, cuja Súmula n. 297, adotada até 1978, dizia: "Oficiais e Praças das Milícias dos Estados no exercício de função Policial Civil não considerados Militares para efeitos Penais, sendo competente a Justiça Comum para julgar os crimes cometidos por ou contra eles".

19

Comunicação do relatório aos organismos internacionais

Como o massacre da Casa de Detenção, um atentado aos direitos fundamentais da pessoa humana, teve ampla repercussão internacional, recomenda-se a comunicação deste relatório aos organismos internacionais de defesa dos direitos humanos, em especial à Comissão Interamericana de Direitos Humanos, à Comissão de Direitos Humanos da Organização das Nações Unidas, à Anistia Internacional e à *America's Watch*.

20

Epílogo

A desastrada operação policial ocorreu dezesseis dias depois da divulgação de um relatório sobre execuções sumárias contra menores, em que a Comissão Especial da Ordem dos Advogados do Brasil, encarregada de apurar os fatos, advertia: "Ainda que a violência praticada pela polícia seja manifestada, não se pode afirmar com absoluta segurança que existia por parte do comando uma filosofia de extermínio, mas o que se constata é a brutalidade e muitas vezes a impunidade da violência policial e a falta de uma efetiva vontade política no sentido de coibi-la... Agora que fizemos nossa parte, continuamos reunidos em caráter permanente. Esperamos a colaboração do poder público através do Poder Executivo, do Ministério Público e do Judiciário para que os mesmos cumpram com suas funções apurando-se exemplarmente os fatos, punindo-se os culpados, adotando-se uma política social mais justa e eficiente, controlando-se a polícia, exigindo-se que a mesma atue estritamente dentro da lei e apagando-se esta nódoa que nos envergonha como Nação civilizada. É preciso que a sociedade reflita sobre a violência da ação policial, encontrando-se novos caminhos, civilizados e dentro da legalidade, pois, como dizia Rui Barbosa, fora da lei não há salvação".

Finalmente, a invasão da Casa de Detenção ocorreu trinta dias depois de uma representação da Ordem dos Advogados do Brasil, Secção de São Paulo (cf. Fls. 393/394), contra ameaças sofridas pelo jornalista Caco Barcellos, por ocasião do lançamento de seu livro *ROTA 66*, onde aparecem os nomes de alguns dos oficiais que participaram do massacre da Casa de Detenção, tudo indicando que a ação policial em São Paulo atingia níveis de violência preocupantes que acabaram desaguando neste dramático episódio.

21

Agradecimentos

Ao encerrarmos este relatório queremos consignar os mais penhorados agradecimentos às pessoas das entidades abaixo indicadas, cuja colaboração tornou possível a realização deste inquérito e relatório:

1) Ordem dos Advogados do Brasil, Secção de São Paulo, que cedeu suas instalações e serviços;
2) Superintendência Regional da Polícia Federal em São Paulo, que forneceu infraestrutura de apoio administrativo e operacional, através de seus dedicados funcionários: João Carlos Blankenheim, escrivão da Polícia Federal, Jamil Abdallah Israel Rima, agente da Polícia Federal e Eduardo Borges, agente da Polícia Federal;
3) Núcleo de Estudos da Violência da Universidade de São Paulo, dirigido pelo professor Paulo Sérgio Pinheiro, que forneceu valiosos subsídios através da colaboração dos professores Sérgio Adorno e Oscar Vieira, nos Capítulos 3 e 4;

4) Departamento de Medicina Legal da Unicamp, que elaborou parecer médico-legal sobre os fatos;

5) Departamento de Medicina Legal da Universidade de São Paulo.

Brasília, 1º de dezembro de 1992[*]

Marcello Lavenère Machado
Presidente do Conselho Federal da OAB
Relator

Aristides Junqueira
Procurador-Geral da República

Carlos Chagas
Representante da Associação Brasileira de Imprensa

João Benedicto de Azevedo Marques
Assessor Especial

---

[*] O relatório da Comissão foi aprovado unanimemente em reunião do Conselho de Defesa dos Direitos da Pessoa Humana em dezembro de 1992.

Um grave erro judiciário

Não conheço na história do Tribunal de Justiça, fundado em 1874, um erro judiciário maior do que a lamentável decisão de anular-se o Júri que condenara 74 integrantes da Polícia Militar de São Paulo pelo massacre do Carandiru, ocorrido no dia 2 de outubro de 1992.

O Tribunal de Justiça sempre foi conhecido pela sua coragem e independência, como quando, em plena ditadura militar, na presidência do Des. Cantidiano Garcia de Almeida, emitiu uma célebre nota de apoio às investigações do Esquadrão da Morte, conduzidas, com competência, pelo procurador de Justiça Hélio Bicudo, ou quando anos depois, num mandado de segurança, anulou um escandaloso concurso a uma cátedra da Faculdade de Direito do Largo São Francisco.

Entretanto, para surpresa e perplexidade dos juristas, uma Câmara do Tribunal de Justiça anulou o julgamento 24 anos depois dos fatos, numa decisão equivocada, pela unanimidade de votos, seguindo voto do relator des. Ivan Sartori, contra a opinião do Ministério Público, e desconheceu a prova dos autos, em especial os laudos periciais, a história, os organismos internacionais de defesa dos direitos humanos da Organização dos Estados Americanos e da Organização das Nações Unidas, bem como os jornais da época.

Quando fizemos a investigação dos fatos, pela Comissão de Direitos Humanos da Ordem dos Advogados de São Paulo, estivemos, na qualidade de Secretário, juntamente com o Dr. Ricardo Carrara, à época presidente do órgão, em visita de inspeção, na Casa de Detenção, dois dias depois do massacre, quando ainda havia um rio de sangue nos corredores da Casa de Detenção, o que muito nos chocou, pois jamais havíamos visto um cenário tão horripilante em toda a nossa vida profissional.

Lá comparecemos como integrantes da Comissão de Direitos Humanos da Ordem, e dessa visita resultou uma investigação na OAB e um livro intitulado *História de um Massacre*, publicado pela Ordem.

Em breve síntese, houve uma briga de presos no Pavilhão 9 e foi chamada a polícia. Lá chegou a Tropa de Choque, que abortou as negociações que estavam em curso, comandadas pelo diretor da Detenção, Dr. Ismael Pedrosa, e sem nenhuma necessidade invadiu-se a Casa de Detenção, usando-se a Tropa de Choque, armada com metralhadoras e revólveres, disso resultando a morte de 111 presos e mais de 100 feridos, no maior e mais grave incidente prisional no Brasil e da América do Sul.

Frise-se que a invasão foi feita apesar das ponderações do diretor do estabelecimento penitenciário, que negociava com os presos, e contra a opinião dele. O mesmo diretor nos afirmou que havia ocorrido uma tragédia na Casa de Detenção, com a invasão desnecessária da Polícia Militar.

Os cadáveres foram necropsiados e constatou-se a ocorrência de centenas de disparos que redundaram na morte e ferimentos nos detentos.

Note-se que a maioria dos ferimentos produzidos por arma de fogo ocorreram em regiões letais e atingiram as costas e a nuca dos detentos.

A localização dos ferimentos demonstra, de forma irrefutável, que eles estavam desarmados e sem nenhuma possibilidade de defesa e reação, caracterizando-se um verdadeiro massacre.

A prova técnica comprovou, também, que os presos estavam indefesos, sem nenhuma possibilidade de reação, desarmados, e que nenhum disparo tinha sido efetuado por eles. Além disso, a peça pericial demonstrou que muitos presos foram mortos, ainda, nas camas, onde foram encontrados, e outros estavam sentados e rendidos nas celas, o que denota o absurdo da ação policial que manchou gravemente a imagem internacional do país na proteção aos direitos humanos.

Os principais organismos de defesa dos direitos humanos, como a Anistia Internacional, a Comissão de Defesa dos Direitos Humanos da Corte Interamericana de Defesa dos Direitos Humanos e as Comissões de Defesa dos Direitos Humanos da Organização dos Direitos Humanos da Organização dos Estados Americanos e das Nações Unidas, emitiram notas de protestos contra o governo brasileiro.

O Brasil, em decorrência desta decisão, ainda poderá sofrer sanções internacionais, sendo que o Estado de São Paulo, certamente, terá de pagar indenizações às famílias dos presos, brutalmente assassinados.

A Procuradora que atuou no processo criminal, Dra. Sandra Jardim, irá recorrer e, certamente, a superior instância reformará a equivocada decisão.

A decisão do Tribunal de Justiça, anulando o processo, causou espanto e perplexidade nos meios jurídicos e colide com a história, com a defesa dos direitos humanos e a memória das vítimas, assassinadas, sem nenhuma possibilidade de defesa.

Além da injustificável demora no julgamento, o que envergonha a Justiça de São Paulo e do Brasil, já que decorreram 24 anos para julgar-se um crime monstruoso, deve-se frisar que ocorreu um gravíssimo erro judiciário numa decisão tomada contra a prova e contra a posição do Ministério Público, e certamente o erro do julgamento será reparado em grau de recurso.

A procrastinação do julgamento é, sem dúvida, uma das mais graves falhas do sistema processual penal brasileiro, e esse defeito precisa ser equacionado, porque justiça tarda e lerda não é boa justiça, principalmente num processo em que houve 111 vítimas fatais e mais de 100 feridos graves, todos presos sob a custódia e proteção do Estado, tratando-se do mais grave incidente prisional do Brasil e das Américas, e seguramente um dos maiores do mundo, o que nos envergonhou como nação civilizada.

Por derradeiro, é bom lembrar que entre os 111 presos mortos e 100 feridos, 84 não haviam sequer sido julgados, ou seja, em princípio inocentes, e alguns deles eram primários. Portanto, lamentavelmente podem ter sido mortos inocentes, o que aumenta ainda mais a gravidade do incidente.

Como afirmou Marcos da Costa, presidente da OAB-SP, "a ação da polícia militar foi uma afronta aos direitos fundamentais" e "passados 24 anos do Massacre do Carandiru, o Estado não definiu responsabilidades e nem puniu culpados".

Como testemunha ocular da história que envergonha os operadores da justiça, e como procurador de justiça aposentado e advogado que atuei nas investigações da Ordem dos Advogados de São Paulo sobre o caso, e tendo sido testemunha presencial dos acontecimentos, em visita realizada dois dias depois dos fatídicos eventos, não poderia calar o meu inconformismo diante da clamorosa injustiça praticada.

São Paulo 3 de outubro de 2016.

João Benedicto de Azevedo Marques
Procurador de Justiça Aposentado
Ex-Secretário Nacional de Justiça
Ex-Secretário de Administração Penitenciária de São Paulo
Ex-Presidente da Comissão de Direitos Humanos da OAB
Ex-Presidente do Conselho Nacional de Política Criminal
e Penitenciária
Ex-Presidente do Conselho da Associação Brasileira de Ouvidores

Um quarto de século de impunidade

Quando fizemos publicar a *A história de um Massacre — Casa de Detenção de São Paulo*, denunciando a atrocidade que a polícia militar de São Paulo cometeu assassinando dolosamente no Pavilhão 9 do Carandiru cento e onze seres humanos indefesos, não poderíamos imaginar que vinte e cinco anos depois, este crime ainda se mantivesse com seus responsáveis absolutamente impunes. Não poderíamos imaginar que o Poder Judiciário de São Paulo fosse tão ineficiente ou tão comprometido ideologicamente, a ponto de manter os assassinos livres de pena e culpa, por tantos anos e sem nenhuma perspectiva futura de uma condenação efetiva.

Agora quando se publica a segunda edição, a triste constatação é que neste quarto de século, em nada melhorou a situação carcerária. Antes, piorou, se constituindo numa chaga social agravada pelo descaso governamental.

Por outro lado, também não se pode recalcar a insatisfação com o desempenho dos vários órgãos do Poder Judiciário (varas de execução penal, juiz corregedor de presídios e outros), cuja responsabilidade é, frequentemente, esquecida. A cada tragédia que acontece nos presídios — lamentavelmente este ano de 2017 se iniciou com um quadro de descontrole institucional generalizado de que se originaram centenas de mortos — cobra-se a atitude dos governos estaduais e há um completo esquecimento da responsabilidade do sistema judicial, tão ou mais culpado por tais ocorrências.

O sistema judiciário criminal, primeira e segunda instâncias, não são apenas indiferentes, porém, em alguns casos, até mesmo hostis às garantias penais. Recentemente, no Estado de São Paulo um magistrado foi injustamente punido disciplinarmente, por ter reconhecido o direito de presos só estarem encarcerados se as exigências legais estiverem atendidas. Não estando, o Estado não os pode manter atrás das grades.

A política comprovadamente ineficiente de encarceramento, que não recupera o delinquente, é praticada no Brasil de modo massivo e seletivo, com o apoio de setores irresponsáveis da mídia que estimulam o primitivo e repudiável sentimento da população, de que bandido bom é bandido morto.

Estão encarcerados no Brasil centenas de milhares de seres humanos, grande parte sem condenação definitiva, mais da metade constituída por jovens negros e pardos a evidenciar como se estabelece a seletividade no aprisionamento. As mulheres passaram a ter o número de presas exponencialmente crescente nos últimos anos.

Esta chaga social brasileira é uma das maiores e mais graves do mundo e bem traduz a enorme desigualdade existente na sociedade pátria, em que as estatísticas evidenciam uma concentração de renda tão ampla que representa uma frontal ofensa ao artigo 3º, inciso III, da Constituição, que considera um dos objetivos fundamentais da República: *"erradicar a pobreza e a marginalização e reduzir as desigualdades sociais e regionais"*.

Por isso é que, no lançamento desta segunda edição, manifestamos nossa profunda tristeza, misto de indignação, com esta dura realidade, o que nos leva a homenagear todos aqueles que ainda hoje não perderam a esperança e lutam pela mudança deste quadro, especialmente aqueles que atuam na área carcerária.

Marcello Lavenère

Grandes rebeliões em presídios brasileiros

Carandiru — São Paulo, Capital (1992) — 111 Mortos

Urso Branco — Porto Velho, Rondônia (2002) — 27 Mortos

Benfica — Rio de Janeiro, Capital (2004) — 31 Mortos

Pedrinhas — Maranhão, São Luís (2010) — 18 Mortos

Anísio Jobim — Amazonas, Manaus (Dezembro 2016–Janeiro 2017) — 60 Mortos

Penitenciária Agrícola de Monte Cristo — Roraima, Boa Vista (Janeiro de 2017) — 33 Mortos

Penitenciária de Alcaçuz — Rio Grande do Norte, Natal (Janeiro de 2017) — 26 Mortos

IPA — Centro de Progressão Criminal Bauru — São Paulo, Bauru (Janeiro de 2017) — Fuga de 200 Presos e Presídio Parcialmente Incendiado — Recapturaram 150 Presos — Capacidade 1.200 Presos, Lotação 1.450 Presos

III

Anexos

Trabalho artístico sobre o massacre, de autoria do advogado Paulo Sérgio Leite Fernandes. Encontra-se no gabinete do presidente da OAB/SP.

Foto: E. M. Loyola.

Anexo 1

A chacina do Carandiru está intimamente ligada ao problema da gravíssima crise do sistema penitenciário, reflexo da falência da pena como instrumento de defesa social e de ressocialização do delinquente, das deficiências da Justiça Criminal e das políticas públicas de controle de criminalidade, problemas esses que são analisados pelo professor Sérgio Adorno em artigo publicado na Revista da USP sob o título "Sistemas Penitenciários no Brasil. Problema e Desafio", cujo resumo, por sua importância, é anexado a este relatório.

Impasses, dilemas e desafios à administração carcerária

Entre os estudiosos brasileiros, generaliza-se a tese de que não é possível compreender o movimento da criminalidade urbana ignorando a implementação das políticas públicas penais. Suspeita-se que o funcionamento das agências de controle e repressão ao crime pode agravar o quadro existente e recrudescê-lo. A não observância, pelos agentes encarregados de manter a ordem pública, de princípios consagrados na lei que devem reger a proteção dos direitos civis é frequentemente invocada, sobretudo pelas organizações de defesa dos direitos humanos, como responsável pela situação de tensão permanente a que se vê relegado o sistema de justiça criminal.

Um dos alvos privilegiados dessas políticas tem sido o aparelho policial. E não sem razões. Por um lado, é comum creditar-se ao desempenho policial a elevação ou diminuição das taxas de criminalidade. Quando, em conjunturas determinadas, as taxas se elevam, logo se seguem reivindicações de maior policiamento e de melhor aparelhamento técnico dos organismos policiais, como se apenas a concentração de investimentos nesse setor do sistema de justiça criminal tivesse o condão de reconduzir a criminalidade a taxas socialmente suportáveis. Por outro lado, nunca é demais lembrar que se o aparelho policial sobressai no debate público certamente é porque ele se apresentou, como ainda se apresenta, à visibilidade pública mais intimamente conectado ao autoritarismo. Não sem motivos, persistem as críticas formuladas por determinados segmentos da sociedade contra as torturas e as execuções sumárias.

Quanto ao aparelho judiciário, as censuras são tímidas e, na maior parte das vezes, representadas por reparos contra a morosidade de seu funcionamento ou contra as barreiras impostas a seu acesso pela população, críticas com as quais não estão em desacordo sequer os agentes judiciários. Tensões entre ambas esferas de organização — a formal e a da cultura organizacional — podem ser observadas igualmente no âmbito do aparelho judiciário. Por um lado, o domínio abstrato e idealizado da lei, inscrito nos códigos, ensinado nos livros e nas academias, proclamado solenemente nos tribunais. Por outro lado, a aplicação cotidiana dos preceitos legais, que se tornam objeto de disputa e negociação entre diferentes atores que, enredados nas teias da moralidade, interpretam aqueles preceitos segundo interesses particulares e conforme as necessidades de funcionamento da organização.

De igual modo, as prisões não ficaram imunes aos olhos vigilantes e críticos dos investidores e de cidadãos incomodados com o sistemático desrespeito dos diretores de seus pares. Se o cotidiano dessas organizações comporta espancamentos, maus tratos e toda uma série de outras humilhações a que são submetidos seus tutelados, é porque durante longo tempo elas se mantiveram protegidas da inquirição pública. No curso de uma sucessão de rebeliões e motins, essas práticas vieram ao conhecimento da "opinião pública", estimulando inclusive a formulação de um conjunto de proposições que veio a ser batizado impropriamente de "direitos humanos do preso". É no âmbito das prisões que os impasses enfrentados pelas políticas públicas penais parecem adquirir acento privilegiado. Nesse âmbito, as políticas são formuladas e implementadas sob o signo da recuperação e da ressocialização dos sentenciados. Subjacente está o discurso ideológico que se sustenta no tripé trabalho-profissionalização/educação/assistência (jurídica e social). Certamente, não são poucos os obstáculos que se antepõem à implementação de políticas públicas penais com um mínimo de êxito e são irrelevantes as forças que concorrem para impedir a transformação das prisões em instituições compatíveis com o exercício democrático do poder. O confronto sistematicamente atualizado entre estruturas formais e informais, inerentes ao complexo prisional, manifesta-se sobretudo em sua baixa capacidade de "reforma da clientela"; manifesta-se também no reconhecimento de que prisões constituem agências de produção da delinquência e de agravamento da reincidência criminal.

Ao longo das duas últimas décadas, análises efetuadas mostraram que a tônica dominante das políticas públicas penais tem sido a de promover a segregação e o isolamento dos sentenciados, mediante um programa deliberado de aumento progressivo da oferta de novas vagas no sistema, política de mão única porque não acompanhada de outras iniciativas e que não ataca os pontos tradicionais de estrangulamento. Seus efeitos podem ser elencados: ampliação da rede de coerção, superpopulação carcerária; administração inoperante; enrijecimento da disciplina e da segurança sem quaisquer consequências no sentido de deter a escalada da violência e a sucessão de rebeliões a que o sistema penitenciário vem assistindo nos últimos anos; timidez das medidas de alcance técnico, incompatíveis com o programa de expansão física elaborado independentemente de avaliações e projeções dotadas de confiabilidade; falta de explicitação de objetivos, o que se manifesta na ausência de um programa articulado, integrado e sistemático de intervenção seja no âmbito das políticas organizacionais administrativas ou de ressocialização; confrontos entre grupos que disputam influência sobre o poder institucional, expressos na eficácia da ideologia da ordem e da segurança, da vigilância e da disciplina. Todos esses aspectos confluem para o mesmo ponto: a reconhecida incapacidade e incompetência do poder público em gerenciar amplas massas carcerárias, bem assim de lograr uma política efetivamente coordenadora da execução penal.

De fato, a despeito dos propósitos reformadores e ressocializadores embutidos na fala dos governantes e na convicção de homens aos quais está incumbida a tarefa de administrar massas carcerárias, a prisão não consegue dissimular seu avesso: o de ser aparelho exemplarmente punitivo. Nisto reside, ao que tudo indica, a incapacidade do sistema penitenciário brasileiro em assegurar o cumprimento das regras estatuídas no Código Internacional dos Direitos do Preso Comum, convenção aprovada pela ONU e da qual este país é signatário. Como se sabe, em face das condições de existência dominantes nas prisões brasileiras, a perda da liberdade determinada pela sanção judiciária pode significar, como não raro significa, a perda do direito à vida e a submissão a regras arbitrárias de convivência coletiva, que não excluem maus tratos, espancamentos, torturas, humilhações, a par do ambiente físico e social degradado e degradante que constrange os tutelados pela justiça criminal à desumanização.

Não são poucos os indicadores que espelham a precariedade do sistema penitenciário brasileiro. Embora as condições de vida no interior dessas "empresas de reforma moral dos indivíduos" sejam bastante heterogêneas quando considerada sua inserção nas diferentes regiões do país, traços comuns denotam a má qualidade da vida: superlotação; condições sanitárias rudimentares; alimentação deteriorada; precária assistência médica, judiciária, social, educacional e profissional; violência incontida permeando as relações entre os presos, entre estes e os agentes de controle institucional e entre os próprios agentes institucionais; arbítrio punitivo incomensurável.

A superlotação é uma realidade presente na maior parte das prisões brasileiras, salvo raras exceções. Conquanto não se trate de fenômeno recente, ao que parece mesmo endêmico, o quadro disponível vem se agravando ano após ano. A superlotação carcerária encontra-se na origem imediata de não poucos outros problemas, sobretudo a promiscuidade que promove toda a sorte de contaminação — patológica e criminógena —, exacerbando a violência como forma institucionalizada e moralmente legítima de solução de conflitos intersubjetivos. Esse quadro agrava-se devido ao expressivo contingente de população encarcerada nos distritos e delegacias policiais, nos quais se encontram indiferenciados presos primários e reincidentes, detidos para averiguações ou em flagrante e cidadãos já sentenciados pela justiça criminal. Nessas dependências, reinam as mais desfavoráveis condições para a "recuperação" ou "ressocialização" — seja lá o que esses termos possam significar — dos delinquentes. Ao contrário, a contaminação criminógena reforça a ruptura dos laços convencionais com o "mundo da ordem", instituindo as possibilidades efetivas de construção de trajetórias e carreiras delinquenciais.

No mais, concorrem à falência das políticas penais formuladas e implementadas as demais condições físicas e sociais constituídas em torno da superlotação. A habitabilidade das celas é, via de regra e com raras exceções, aquém de qualquer patamar mínimo reconhecido como adequado à conservação da saúde individual e coletiva dos presos. As instalações sanitárias são precárias. É muito comum a ausência de água corrente para banhos e para asseio pessoal. A existência de restos de alimentação, guardados ou acumulados, contribui para a disseminação de insetos e sobretudo de ratos e baratas pelos quais os presos se vêem assediados com picadas e mordeduras. A iluminação precária, a má ventilação, a circulação de odores fétidos, a concentração de águas insalubres originárias da mistura de poças de chuvas ou de encanamentos desgastados com lixo, o acúmulo de gazes ensanguentadas por cima do parco mobiliário traduzem um quadro crescente de deterioração das condições de vida.

Os padrões de alimentação também não primam pela qualidade. Quanto ao vestuário, até há pouco tempo as prisões se encarregavam de fornecê-lo, uniformizando-os inclusive para facilitar o controle sobre a massa carcerária. O que se tem verificado, nos anos recentes, é que a retração de recursos destinados ao sistema penitenciário vem restringindo drasticamente a oferta de vestuário, cujas necessidades são, via de regra, supridas pelos familiares.

Frente a esse quadro não é de se esperar que a saúde coletiva seja razoável. Ao lado das epidemias disseminadas pelas más condições sanitárias da habitabilidade, há outras resultantes da aglomeração de pessoas em espaços exíguos. Conjunturalmente, enfrentam-se epidemias de tuberculose, além de várias doenças sexualmente transmissíveis. Trata-se de uma população de alto risco, vulnerável a toda sorte de doenças infectocontagiosas, fato ainda mais agravado pela recente epidemia de Aids.

Esse contexto social é, como se sabe, bastante propício à violência. Venha de onde e de quem vier, a violência constitui código normativo de comportamento, linguagem corrente que a todos enreda, seja em suas formas mais cruéis, seja em suas formas veladas. Entre os detentos, torna-se quase impossível intervir nas disputas violentas, que envolvem os mais diferentes interesses ou objetos. Tudo é passível de querela: confrontos entre quadrilhas; suspeita de delação; envolvimento no tráfico de drogas, na exploração de atividades internas, no tráfico de influências sobre os "poderosos", sejam aqueles procedentes da massa carcerária ou da equipe dirigente; posse de objetos pessoais; obtenção de favores sexuais, o que compete não apenas aos presos, sobretudo aos jovens e primários, muitas vezes comercializados no interior da população, mas também a suas esposas, companheiras e filhas; manutenção de privilégios conquistados ou cedidos; disputa de postos de trabalho. A exploração incontida da violência expressa-se sob diferentes modalidades. Não raro, verificam-se homicídios praticados com requintes de barbaridade, dos quais jamais se busca evitar publicidade.

Respondem os agentes institucionais com igual ou superior intensidade de violência. Não obstante as pressões sociais e políticas para conter as punições ilegais, sobretudo a partir da chamada transição para a democracia, quando os movimentos de defesa dos direitos humanos se tornavam vigilantes públicos do que se passa no interior das prisões e das demais "instituições totais", persistiram toda sorte de abusos físicos. Nos regimentos internos dos estabelecimentos prisionais há, de modo geral, capítulo dedicado à repressão de comportamentos considerados inadequados, para os quais há sanções. Esses regimentos, além de serem ultrapassados, intervindo nos mais recônditos espaços do comportamento, servem apenas de coação ao arbítrio.

Certamente, o despreparo e a formação direta no mundo da violência, os baixos salários, as péssimas condições de trabalho, a inexistência de carreiras que permitam ascensão na escala funcional, o número insuficiente de pessoal comparativamente ao tamanho da população prisional, o regime de trabalho estafante e estimulante do descontrole emocional contribuem para perpetuar e recrudescer esse circuito de violência que faz do guarda de presídio agente destacado.

A esse panorama que torna a vida nos presídios incerta e insegura, convém acrescentar a precária oferta de serviços de formação educacional e profissional. Embora em não poucos estabelecimentos penitenciários haja convênios com entidades especializadas na oferta de escolarização básica, dispensando-se nessas circunstâncias os serviços próprios, quase sempre desorganizados e ineficazes, essa escolarização padece dos mesmos obstáculos e problemas enfrentados pela escola pública oferecida à população em geral. No mesmo sentido, a formação profissional revela-se quase inútil. Há que se ressaltar a exiguidade das oficinas nas prisões. A maior parte da massa carcerária está alocada em serviços de manutenção, como limpeza, cozinha e reparos gerais. As oficinas de costura, de marcenaria, serralheria e outras que poderiam se constituir em verdadeiros espaços de formação profissional atendem a um pequeno número de detentos, em geral selecionados criteriosamente. Não se estranhe, por conseguinte, que a maior parte dos egressos penitenciários, mesmos os profissionalizados, retornem às ocupações a que se dedicavam antes do encerramento ou durante os períodos de alternância entre a prisão e a liberdade, como demonstram avaliações realizadas seja por pesquisadores ou pelos órgãos encarregados do gerenciamento de massas carcerárias.

Por fim, cabe tecer considerações a propósito da prestação de serviços de assistência judiciária e social. No primeiro caso — uma das áreas mais sensíveis do sistema, porque dela depende o equilíbrio no interior da população prisional — a carência constitui sua tônica dominante. Afora aqueles sentenciados que dispõem de recursos para garantir assistência particular, o que não configura regra geral, todavia exceção, a maior parte depende da oferta de assistência judiciária gratuita. O número de advogados e de estagiários de Direito que se dedicam a essa atividade é bastante reduzido para atender a um contingente elevado de assistidos ou dependentes desse tipo de assistência; as queixas são constantes: não atendimento de direitos consagrados na legislação pertinente; morosidade na prestação de assistência em virtude da fixação de datas longamente espaçadas para audiência; ausência de regular informação sobre andamento de processos ou explicações consistentes a propósito do indeferimento de um recurso ou pedido de benefício penal. Criam se, assim, situações injustas, como a permanência de presos com penas cumpridas, cuja magnitude é impossível aquilatar dada a inexistência de controles confiáveis nas instâncias encarregadas de fazê-lo.

Igualmente, a assistência social não consegue ao menos amenizar o estado de angústia e ansiedade que manifestam egressos penitenciários. Anos de encarceramento, vivendo debaixo das mais adversas condições de vida, contribuem, por um lado, para instituir um processo psicossocial de gerenciamento repressivo de desejo. Rituais e normas institucionais — sujeição a horários, a posturas, a normas violentas de convivências nas relações intersubjetivas — acentuam a incapacidade de lidar autonomamente com a própria vida, liberando, em contrapartida, desejos de dependência e de passividade, aliados a incontida agressividade, que tornam os tutelados pelas prisões seres inabilitados para a retomada de seus direitos civis em liberdade.

Anexo **2**

Projeto de Lei dos deputados Hélio Bicudo e Cunha Bueno

Altera o artigo 9º do Decreto-Lei n. 1.001, de 21 de outubro de 1969.

Artigo 1º — Fica revogado o disposto na letra "f" do inciso II do artigo 9º do Decreto-Lei n. 1.001, de 21 de outubro de 1969.

Artigo 2º — Ao artigo 9º do Decreto-Lei n. 1.001, de 21 de outubro de 1969, acrescenta-se o seguinte parágrafo único:

"Oficiais e praças das polícias militares dos Estados no exercício de funções de policiamento, não são considerados militares para efeitos penais, sendo competente a Justiça comum para processar e julgar os crimes cometidos por ou contra eles."

Artigo 3º — Esta Lei entra em vigor na data de sua publicação.

Artigo 4º — Revogam-se as disposições em contrário.

Deputado Hélio Bicudo   Deputado Cunha Bueno

Justificativa

É público e notório que as polícias militares dos Estados vêm caracterizando sua conduta, nas suas funções específicas, pela extremada violência no serviço de policiamento.

Raro é o dia em que a imprensa não noticia três ou quatro mortes de vítimas da PM. E as "justificativas" não variam: alegam legítima defesa ou estrito cumprimento do dever legal. Curioso é que as vítimas, quase sem exceção, dão entrada nos hospitais já mortas, com o que fica impossível uma reconstituição perfeita dos fatos, prevalecendo apenas a palavra dos milicianos.

Mas dir-se-ia: e a Justiça, o que faz?

A Justiça está entregue à Justiça Militar da própria Polícia Militar, competente para julgar tais crimes.

O massacre ocorrido no último dia 3 de outubro, na Casa de Detenção de São Paulo, em absolutamente nada atemorizou seus autores. Ao inverso. A imprensa noticiou movimentos "pró-massacre", com louvores aos matadores policiais. Fossem esses julgados pela Justiça comum, e certamente a esta altura estariam temerosos. Serão eles, entretanto, julgados pela Justiça Militar, cujos Conselhos são compostos por quatro oficiais da PM e um auditor civil. Em suma: serão os homicidas julgados pela própria casa...

Esse estado de coisas, essa situação absurda, há que ter fim. Não é possível tolerar-se tanta iniquidade por mais tempo. A Justiça comum, interpretada por magistrados ilustres, sempre julgou com independência e isenção de ânimo. Os crimes cometidos por policiais militares em serviço de policiamento sempre foram da competência da Justiça comum, consoante estabelecida a súmula n. 297 do Supremo Tribunal Federal:

"Oficiais e praças das milícias dos Estados no exercício de função policial civil não são considerados militares para efeitos penais, sendo competente a Justiça comum para julgar os crimes cometidos por ou contra eles."

Esse entendimento vigorou desde a promulgação da Constituição de 1946, até que, na gestão do presidente Geisel, a pretexto de assegurar o fortalecimento do combate à subversão, houve alteração, passando a competência para a Justiça Militar dos estados.

O mal causado pela alteração foi tremendo. Agindo no serviço de policiamento, os Policiais Militares, certos e seguros da impunidade, passaram a matar indiscriminadamente. Já somam mais de sete mil nos últimos quinze anos as vítimas da ação policial. A esse respeito o "Jornal do Brasil", edição de 11 de outubro do corrente, noticiou: "CONFRONTO COM POLICIAIS MATA UM A CADA SETE HORAS".

O artigo 125, parágrafo 4º da vigente Constituição Federal estabelece que "compete à Justiça Militar Estadual processar e julgar os policiais militares e bombeiros militares nos crimes militares definidos em lei, cabendo ao tribunal competente decidir sobre a perda do posto e da patente dos oficiais e da graduação dos praças".

A lei a que se refere o dispositivo constitucional é o Código Penal Militar (Decreto-Lei n. 1.001, de 21 de outubro de 1969), que em seu artigo 9º define o que vem a ser crime militar.

Não há necessidade de alterar qualquer dispositivo constitucional, bastando ser alterado o Decreto-Lei n. 1.001, de 21 de outubro de 1969, em seu artigo 9º.

O projeto propõe a revogação da letra "f" do inciso II do artigo 9º e o acréscimo de um parágrafo único ao artigo 9º, parágrafo esse assim redigido, seguindo os moldes da súmula 297: "Oficiais e praças das milícias dos Estados no exercício de função policial civil, como tal considerado todo e qualquer serviço de policiamento, não são considerados militares para efeitos penais, sendo competente a Justiça comum para julgar os crimes cometidos por ou contra eles".

Isso colocará fim aos desmandos a que estamos assistindo.

A Câmara Federal, que recentemente deu mostras de sua independência, certamente não negará a aprovação do projeto que busca, em última análise, colocar um paradeiro à impunidade.

Brasília, novembro de 1992.

Deputado Hélio Bicudo   Deputado Cunha Bueno

Anexo 3

Depoimentos*

TERMO DE DEPOIMENTO QUE PRESTA O SR. NIVALDO BATISTA DE OLIVEIRA, prontuário 132.733

Aos 22 (vinte e dois) dias do mês de outubro do ano de mil novecentos e noventa e dois (1992), nesta cidade de São Paulo-SP e na Casa de Detenção de São Paulo-SP, situada à av. Cruzeiro do Sul-SP, 2630, onde presente se encontrava o Dr. Marcello Lavenère Machado, relator da Comissão de Inquérito instaurado pela Resolução n. 01/92, do CDDPH, Ministério da Justiça, comigo, escrivão de Polícia Federal, ao final assinado, também presente o Dr. João Benedicto de Azevedo Marques, membro da Comissão de Direitos Humanos da Ordem dos Advogados do Brasil-SP, membro designado pelo relator deste inquérito para assessorar nos trabalhos do referido inquérito, aí compareceu o Sr. Nivaldo Batista de Oliveira, detento, filho de José Ramos Batista de Oliveira e Brígida Batista de Oliveira, amasiado, natural de Diadema-SP, nascido aos 09.06.1965, prontuário n. 132.733, sabendo ler e escrever, aos costumes disse nada, testemunha compromissada na forma da lei prometeu dizer a verdade do que soubesse ou lhe fosse perguntado e inquirido, respondeu que o depoente está cumprindo pena de quinze anos, em razão de condenação por latrocínio; que, já cumpriu oito anos; que, se encontra recolhido na casa de detenção há aproximadamente três anos, no pavilhão 9; que, o depoente estava recolhido

---

* Depoimentos prestados à comissão constituída pelo Conselho de Defesa da Pessoa Humana.

no xadrez 79-E do 3º andar do pavilhão 9; que, o depoente estava jogando bola no campo de futebol, quando por volta das 15 horas foi chamado junto com mais quatro companheiros de xadrez para serem recolhidos, eis que estava ocorrendo um conflito no pavilhão 9; que, houve uma briga ao que parece entre dois presos do 2º andar e a briga acabou degenerando em um tumulto com um conflito entre os presos do 2º e 3º andares; que, no xadrez havia seis presos; que, por volta das 16 horas, os seis presos dentro do xadrez ouviram tiros vindos da escada; que, pouco depois apareceram policiais militares e mandaram que os seis presos se despissem e colocassem as mãos na cabeça; que, aleatoriamente, com as armas encostadas nas costas foram escolhidos três presos para saírem do xadrez e conduzidos ao pátio; que, os presos que saíram foram o depoente, o seu colega Douglas que se encontra na ante-sala e um terceiro preso conhecido pelo vulgo de Osasco; que, quando o depoente e seus dois companheiros faziam a curva do corredor, ouviram disparos de arma de fogo dentro dos xadrezes que habitavam, digo, dentro dos xadrezes do corredor; que, posteriormente, quando a mando de policiais militares carregava cadáveres do 4º para o 3º andar, viu o corpo de um de seus companheiros de xadrez, de nome Edivaldo Joaquim de Almeida; que, os outros companheiros que morreram dentro do xadrez tinham os nomes de Adão e Elias Palmegiano; que, como já afirmou, ao sair do xadrez foram para o pátio, onde ficaram sentados nus, em companhia de outros presos; que, antes dos policiais militares entrarem em seu xadrez o depoente ouviu tiros no corredor; que, ao descer para o pátio com a cabeça abaixada pôde perceber que havia pessoas com botas no corredor, bem como cães; que, no xadrez do depoente não havia nenhuma arma de fogo; que, no seu "barraco" as únicas armas que existiam eram dois pedaços de madeira; que, nenhum preso tinha arma de fogo; que, na verdade as armas que os presos possuíam eram estiletes, pedaços de canos e pedaços de paus; que, nos corredores havia bastante água misturada com sangue; que, o depoente desceu para o pátio por volta das 17 horas; que, no momento em que desceram para o pátio ainda havia luz no pavilhão;

que, ficaram sentados no pátio das 17 horas, até aproximadamente as 21 horas, quando retornaram para as celas; que, neste retorno havia muito pouca luz no corredor; que, o depoente não sabe como apareceram as armas de fogo; que, é certo que depois de ter sido recolhido ao xadrez, isto é, depois das 23 horas, ouviu mais de um estrondo, como se fossem bombas; que, o depoente também ouviu comentários de que outros presos quando carregavam cadáveres foram mortos com disparo de armas de fogo; que, um destes casos de presos que carregavam cadáveres e que foram mortos, tinha a alcunha de "Tubarão" e estava recolhido no xadrez 19 do pavilhão 9, 3º andar; que, nada mais disse e nem lhe foi perguntado, determinando o relator que se encerrasse o presente termo, que depois de lido e achado conforme vai devidamente assinado pelo relator, pelo depoente, pelo, *em tempo*: que, o depoente deseja registrar que, quando estava carregando cadáveres, no hall do 4º andar, onde havia oito cadáveres amontoados, ouviu de vários policiais a seguinte expressão: "Vocês estão vendo como se mata ladrão". Nada mais disse e nem lhe foi perguntado, determinando o relator que se encerrasse o presente termo, que depois de lido e achado conforme vai devidamente assinado pelo relator, pelo depoente, pelo Dr. João Benedicto de Azevedo Marques, designado pelo relator para assessorar os trabalhos e por mim, João Carlos Blankenheim, escrivão de Polícia Federal que o lavrei e subscrevo.

TERMO DE DEPOIMENTO QUE PRESTA O SR. LUIZ CARLOS DOS SANTOS SILVA, prontuário 135.134

Aos 22 (vinte e dois) dias do mês de outubro do ano de mil novecentos e noventa e dois (1992), nesta cidade de São Paulo-SP e na Casa de Detenção de São Paulo-SP, sita à av. Cruzeiro do Sul, 2630, nesta capital, onde presente se encontrava o relator

Dr. João Benedicto de Azevedo Marques, membro da Comissão de Direitos Humanos da Ordem dos Advogados do Brasil-SP, membro designado pelo relator para assessorar este inquérito, aí compareceu o sr. Luiz Carlos dos Santos Silva, prontuário 135.134, natural de Olinda-PE, nascido aos 14.12.67, filho de Carlos Ribeiro da Silva e Faldinese dos Santos Silva, sabendo ler e escrever, aos costumes disse nada, testemunha compromissada na forma da lei prometeu dizer a verdade do que soubesse ou lhe fosse perguntado e inquirido pela autoridade, respondeu que o depoente está condenado a dez anos e oito meses em razão de um assalto; que, o depoente no dia 2 de outubro se encontrava recolhido no xadrez 512-E, no 5º andar do pavilhão 9; que, no seu xadrez estavam recolhidos mais doze presos; que, o depoente soube que houve uma briga entre dois presos do pavilhão 9 e que depois ocorreu um tumulto entre os presos; que, em razão desta briga e deste tumulto, todos os presos foram recolhidos às suas celas; que, por volta das 15 horas o depoente ouviu seus companheiros gritarem: "O choque está embocando" e em seguida o depoente ouviu muitos tiros e gritos; que, os presos do seu xadrez estavam todos sentados e encolhidos; que, depois de alguns momentos os policiais abriram a porta, entraram e mandaram deitar e entraram atirando com rajadas de metralhadora; que, em razão dessas rajadas seis companheiros morreram e quatro ficaram feridos, sendo que três não levaram tiros; que, o depoente deseja frisar que antes de ocorrerem os disparos os presos de seu xadrez jogaram fora pedaços de madeira que tinham improvisado como armas; que, o depoente neste momento se escondeu por baixo do corpo de um de seus companheiros mortos; que, em seu xadrez nenhum preso tinha qualquer tipo de arma de fogo; que, o depoente levou cinco tiros, sendo dois em cada um dos membros inferiores, um bem no meio da coluna, na altura da região dorsal, tendo inclusive exibido os ferimentos para esta Comissão; que, após esses disparos permaneceram no xadrez e pouco depois os policiais voltaram e mandaram que aqueles que estavam vivos saíssem despidos; que o depoente saiu com mais três colegas que não estavam feridos, foram para o pátio, de onde posteriormente o depoente foi levado para o pavilhão nº 4, enfermaria; que, mesmo ferido e nu ainda assim ao se deslocar para o pátio foi espancado com cassetete; que, assistiu a diversas vezes em que os policiais militares permitiam que os cães atacassem os presos que estavam descendo em direção ao pátio inclusive presenciando diversas mordidas destes mesmos cães nos presos despidos. Que, não sabe avaliar quantos presos foram mortos, mas muitos presidiários que conhecia não estão mais lá. Nada mais disse e nem lhe foi perguntado, determinando o relator que se encerrasse o presente termo, que depois de lido e achado conforme vai devidamente assinado pelo relator, pelo depoente, pelo Dr. João B. de Azevedo Marques, assessor designado pelo relator, para assessorar nos trabalhos deste Inquérito e por mim, João Carlos Blankenheim, Escrivão de Polícia Federal que o lavrei e subscrevo.

TERMO DE DEPOIMENTO QUE PRESTA O SR. DOUGLAS DE JESUS GONÇALVES, prontuário 135.913

Aos 22 (vinte e dois) dias do mês de outubro do ano de mil novecentos e noventa e dois (1992), nesta cidade de São Paulo-SP e na Casa de Detenção de São Paulo-SP, situada à av. Cruzeiro do Sul, nº 2630 onde presente se encontrava o Dr. Marcello Lavenère Machado, relator da Comissão de Inquérito instaurado pela Resolução nº 01/92, do CDDPH, Ministério da Justiça, comigo, escrivão de Polícia Federal, ao final assinado, também presente o Dr. João Benedicto de Azevedo Marques, membro da Comissão de Direitos Humanos da Ordem dos Advogados do Brasil-SP, designado pelo relator para assessorar nos trabalhos deste inquérito, aí compareceu o sr. Douglas de Jesus Gonçalves, detento, filho de José Messias de Jesus Gonçalves e Benedita de Jesus Gonçalves, natural de Jacareí-SP, nascido aos 29.04.72, prontuário nº 135.913, sabendo ler e escrever e inquirido pela autoridade, respondeu que, o depoente se encontrava recolhido no dia da invasão da PM, no xadrez nº 379-E do 3º andar; que, o depoente está condenado a cinco anos e quatro meses, por roubo, já cumprindo quase três anos, se encontrando em regime semi-aberto concedido há um ano e cinco meses; que, entretanto até esta data não conseguiu a remoção para a colônia e solicita a interferência desta comissão junto ao Juiz das Execuções Criminais para a remoção; que, no dia dos fatos, por volta das 13 horas o depoente estava na barbearia cortando os cabelos; que, ao terminar o corte de cabelo quando ia retornar para o xadrez soube que estava havendo uma confusão no 2º andar; que, na escada viu que os presos do 2º andar estavam forçando a gaiola e que os agentes penitenciários diante da situação disseram que iriam chamar o choque; que, os presos que estavam no campo de futebol foram recolhidos e o depoente e seus seis companheiros por volta das 15 horas se encontravam em sua cela; que entre 15 e 16 horas houve a invasão pela Polícia Militar; que, o depoente teve oportunidade de ir até a escada, quando viu o choque subindo armado de metralhadoras; que, já na escada ouviu tiros; que, estando os seis presos do xadrez com a porta entreaberta apareceu o choque; que, mandou que três colegas seus fossem despidos, enquanto outros três ficassem de roupas; que, a escolha foi assim: "Vocês três e vocês três"; que, em seguida os três presos sem roupa, entre os quais o depoente, saíram da cela que fica próxima da gaiola e da escada; que, logo que saíram da cela ouviram disparos; que, antes de sair da cela o depoente ouviu vários outros disparos cujo barulho vinha do lado da cela do depoente, onde estão os xadrezes nºs 383, 384 e 385; que, depois que retornou do pátio para onde todos os presos foram recolhidos, não voltou para seu xadrez e somente no dia seguinte é que soube que seus companheiros de cela haviam morrido; que, o depoente esclarece que percebeu que os ruídos dos tiros provinham de sua cela porque antes já tinha ouvido tiros das celas ao lado; que, no dia seguinte ficou sabendo que seus companheiros de cela haviam falecido; que, soube também que presos foram mortos carregando cadáveres; que, no dia seguinte o depoente foi um dos presos designados pela direção da casa para recolher os cadáveres de onze presos, dez dos quais se encontravam no xadrez 375-E e um que se encontrava no "boi do xadrez em frente"; que, pôde ver quando entrou na cela 375-E que os presos estavam todos com roupas, sentados ou deitados junto à parede e com inúmeros disparos no membros superiores, na cabeça e também nas pernas; que, o depoente recorda perfeitamente que neste xadrez havia três presos com as mãos cruzadas atrás da nuca e três com as mãos cruzadas atrás das costas; que, no xadrez do depoente havia dois pedaços de pau utilizados para defesa; que, os presos no dia da invasão não tinham nenhuma espécie de arma de fogo e somente pedaços de paus; que, no xadrez 375-E em toda a parede lateral onde foram encontrados os cadáveres, havia inúmeras marcas de disparos de armas de fogo, numa altura máxima de um metro do chão; que, ainda havia muitos projéteis no local; que, tanto no xadrez do depoente como no xadrez 375-E, o depoente viu funcionários da Polícia fotografando o local e marcando os sinais de balas com lápis de cor escura; que, estes funcionários chegaram inclusive a filmar o local; que, o depoente deseja esclarecer também que na cela ao lado da sua, 377-E, foram mortos todos os dez presos ali residentes; que, esses presos foram mortos dentro das celas, eis que um preso de nome, digo, vulgo Caetano, que mora no 3º andar, xadrez 311-E juntamente com outros presos carregou os corpos dos presos que ali se encontravam; que, estes presos foram retirados por Caetano e seus companheiros de dentro do xadrez, portanto foram mortos naquele local; que, inclusive Caetano ficou com a corrente que pertencia a um dos presos de nome Guto, que estava cheia de sangue por ordem de um dos policiais; que, o depoente esclarece que quando os presos estavam no pátio os policiais militares acabaram subtraindo diversos objetos dos presos, tais como correntes e relógios; que, os policiais mandavam que os presos tirassem estes objetos, jogassem para eles e em seguida os colocassem nos bolsos. Nada mais disse e nem lhe foi perguntado, determinando o relator que se encerrasse o presente termo, que depois de lido e achado conforme vai devidamente assinado pelo relator, pelo depoente, pelo Dr. João Benedicto de Azevedo Marques, designado pelo relator para assessorar os trabalhos e por mim, João Carlos Blankenheim, escrivão de Polícia Federal, que o lavrei e subscrevo.

TERMO DE DEPOIMENTO QUE PRESTA O SR. ADEMIR POLIDORO OLIVEIRA, prontuário 133.717

Aos 22 (vinte e dois) dias do mês de outubro do ano de mil novecentos e noventa e dois (1992), nesta cidade de São Paulo-SP e na Casa de Detenção de São Paulo-SP, situada à av. Cruzeiro do Sul, nº 2630, nesta capital, onde presente se encontrava o Dr. Marcello Lavenère Machado, relator da Comissão de Inquérito instaurado pela resolução nº 01/92, do CDDPH, do Ministério da Justiça, comigo, escrivão de Polícia Federal ao final assinado, também presente o Dr. João Benedicto de Azevedo Marques, membro da Comissão de Direitos Humanos da Ordem dos Advogados do Brasil-SP, membro designado pelo relator deste inquérito para assessorar nos trabalhos do referido inquérito, aí compareceu o Sr. Ademir Polidoro Oliveira, detento, prontuário 133.717, natural de Lajes-SC, nascido aos 21.11.1950, filho de Getúlio de Oliveira e Terezinha Íris Tavares de Oliveira, sabendo ler e escrever, aos costumes disse nada, testemunha compromissada na forma da lei prometeu dizer a verdade do que soubesse ou lhe fosse perguntado e inquirido pela autoridade, respondeu que, o depoente está condenado há três anos e dois meses por falsificação; que, está recolhido na casa de detenção há dois anos e seis meses; que, o depoente trabalha na Judiciária, seção onde trabalham presos que fazem todo o serviço jurídico dos colegas, tais como, recursos, *habeas corpus*, revisões criminais, *habeas data* etc; que, o depoente reafirma nesta oportunidade que realmente no dia 2 de outubro, por ocasião de visita feita a este presídio pelo Dr. João Benedicto de Azevedo Marques, o depoente informou que vira um seu colega ser morto por um policial militar com um disparo de arma de fogo que atingiu a cabeça deste preso, cujo nome desconhece, sendo que o sangue da cabeça jorrou em seu rosto; que, este preso se encontrava em uma fila juntamente com outros oito, todos com as mãos na cabeça, nus e prontos para descer para a parte interna; que, este fato ocorreu no 2º andar próximo à escada; que, depois de presenciar este fato, ficou muito assustado e deu um pulo para frente na escada e saiu correndo em direção ao pátio interno, onde já se encontravam os outros detentos, todos nus, ajoelhados e com as mãos na cabeça, cercados pelos cães; que, nesta oportunidade os policiais em diversas ocasiões gritavam: "Aí, Zé, joga esse relógio, joga essa corrente, joga esse anel, joga essa aliança"; que, os presos jogavam os objetos que eram recolhidos e guardados pelos policiais; que nenhum desses objetos foi devolvido; que, por ocasião da invasão do pavilhão, por volta das 15 horas e 30 minutos e 16 horas, o depoente percebeu que tinha ocorrido a invasão devido a rajadas de metralhadora; que, os presos não portavam nenhuma espécie de arma de fogo, somente estiletes, pedaços de pau; que, os presos carregavam ainda toucas, que usavam para não serem identificados pela polícia militar, em especial pela ROTA; que, o depoente deseja esclarecer que estava em sua cela, junto com outros nove, quando foi ordenado para que tirassem a roupa e saíssem com as mãos na cabeça, em fila, o que foi feito; que, ao sair deparou com um corpo no corredor; que o depoente procurou não pisar no corpo e o policial militar disse: "Pode pisar que é germe"; que, alguns passos adiante havia um outro corpo agonizante, nos estertores, e o depoente com medo de ser fuzilado pulou por sobre o corpo; que, nesse momento a fila dos dez presos parou junto à gaiola; que, um cachorro escapou e veio em direção aos presos e o policial deu voz de comando para que parasse, o que ocorreu; que, um outro policial engatilhou a arma e mandou a fila prosseguir; que, um outro policial puxou um seu companheiro para frente e gritou: "Você aí, vacilão" e em seguida ocorreu o disparo; que, antes do disparo o policial puxou o preso com uma mão e com a outra efetuou o tiro. Nada mais disse e nem lhe foi perguntado, determinando o relator que se encerrasse o presente termo, que depois de lido e achado conforme vai devidamente assinado pelo relator, pelo depoente, pelo Dr. João Benedicto de Azevedo Marques, designado pelo relator deste Inquérito para assessorar e por mim, João Carlos Blankenheim, escrivão de Polícia Federal que o lavrei e subscrevo.

TERMO DE DEPOIMENTO QUE PRESTA O SR. LUIZ HENRIQUE SOARES, prontuário 133.841

Aos 22 (vinte e dois) dias do mês de outubro do ano de mil novecentos e noventa e dois (1992), nesta cidade de São Paulo-SP e na Casa de Detenção de São Paulo, situada à av. Cruzeiro do Sul, nº 2630, nesta capital, onde presente se encontrava o Dr. Marcello Lavenère Machado, relator da Comissão de Inquérito instaurado pela Resolução nº 01/92-CDDPH, do Ministério da Justiça, comigo escrivão de Polícia Federal, ao final assinado, aí compareceu o sr. Luiz Henrique Soares, detento, prontuário 133.841, natural de São Paulo-SP, nascido aos 07.07.1953, filho de Manuel Soares e Iolanda Soares, sabendo ler e escrever, aos costumes disse nada, testemunha compromissada na forma da lei prometeu dizer a verdade do que soubesse ou lhe fosse perguntado e inquirido, respondeu que, transportou de doze para, digo, de treze para quatorze cadáveres do 3º andar para o 2º andar; que, em um determinado momento assistiu quando um dos presos que transportava cadáveres logo em seguida ao arriar um corpo na sala de esportes recebeu um tiro de revólver na testa caindo sentado tombando com os olhos arregalados por cima do cadáver que acabara de transportar; que, o depoente pensou que também iria morrer; que, o depoente entrou na sala, depositou o corpo que transportava colocando-o na posição que lhe havia sido ordenada, estilo valete, pé com cabeça, para caber mais, havendo alguns corpos que já estavam duros; que, o depoente apanhava os cadáveres da gaiola do 3º e levava para o 2º; que, como os presos que transportavam os cadáveres em vários lugares para a gaiola do 3º ou 2º não davam vencimento à tarefa ele depoente chegou a ir apanhar cadáveres dentro de alguns xadrezes e pode afirmar que encontrou num xadrez possivelmente o 49-I do 2º andar um cadáver deitado de bruços, com as duas mãos unidas na nuca cheias de sangue; que, encontrou um outro cadáver na galeria nu, sem testículos e sem o membro sexual, com a mão sobre a testa e depois verificou que tinha um grande orifício ao lado do olho; que, após encontrou outros com cinco ou seis facadas na barriga; que, sabe dizer que eram perfurações de faca pela aparência das mesmas; que, o depoente após ter presenciado o fuzilamento do outro preso que transportava cadáveres ainda voltou à sala de esportes e à gaiola várias vezes transportando outros cadáveres; que, afinal foi levado com outros presos para o fundo da galeria onde pensava que seria morto, mas que foi para ser trancado; que, transportou vários cadáveres de presos que anteriormente havia visto vivos pelados no pátio e que depois encontrou mortos ao transportar; que, se lembra de um preso que era o bicheiro do pavilhão 9 que estava no pátio vivo e em seguida o próprio depoente viu morto no segundo andar; que, se lembra de outro, o "Alemão" que era um bom jogador de futebol, que também estava no pátio e depois foi visto pelo depoente já morto na sala de esportes; que, na ocasião em que as primeiras filas dos presos que estavam no pátio eram mandadas subir os policiais militares produziam muito barulho como se fossem bombas, na área do templo de umbanda, na barbearia, possivelmente com a intenção de abafarem eventuais barulhos de tiros; que, o depoente acredita que vinte e cinco a trinta por cento dos cadáveres que viu estavam pelados; que, imagina pelos cadáveres que viu que possam ter sido em torno de cento e oitenta corpos, que sabe de ciência própria que um preso não constante da lista dos mortos até hoje não foi encontrado pela família; que, tem condições de apurar o nome do mesmo; que, fala-se até em quatrocentos mortos mas que ele mesmo não tem condições para afirmar; que se fala que cadáveres foram colocados também num caminhão de lixo, bem como num "bonde"; que, tem preso que sabe que transportam cadáveres para o caminhão de lixo, tirando os corpos do buraco do elevador no pavimento térreo e que estão com medo de depor; que, não possuíam armas de fogo; que, nada mais disse e nem lhe foi perguntado, determinando o relator que se encerrasse o presente termo, que depois de lido e achado conforme vai devidamente assinado pelo relator, pelo depoente e por mim, João Carlos Blankenheim, escrivão de Polícia Federal que o lavrei e subscrevo.

Anexo 4

Parecer médico-legal da Faculdade de Medicina da Universidade de São Paulo

Exmo. Sr.

Dr. PAULO SÉRGIO PINHEIRO

DD. Coordenador Científico do Núcleo de Estudos da Violência da Universidade de São Paulo

A Comissão Especial do Departamento de Medicina Legal, Ética Médica e Medicina Social e do Trabalho da Faculdade de Medicina da Universidade de São Paulo, representada pelos signatários abaixo identificados, atendendo a solicitação do Dr. Paulo Sérgio Pinheiro, coordenador científico do Núcleo de Estudos da Violência da Universidade de São Paulo, que assessora o Dr. Marcello Lavenère, presidente do Conselho Federal da Ordem dos Advogados do Brasil e relator do inquérito instaurado pelo Conselho de Defesa dos Direitos Humanos do Ministério da Justiça, com a finalidade de apurar eventuais violações de direitos humanos ocorridas na invasão da Casa de Detenção de São Paulo, no dia 2 de outubro último — no sentido de ser elaborado parecer médico-legal sobre os laudos técnicos do Instituto Médico-Legal e sobre os fatos em si, após o estudo do material adiante discriminado, vem oferecer o seu

Parecer médico-legal

1. Material recebido

Esta Comissão baseou seu parecer nos seguintes documentos, entregues pelo solicitante, referentes à rebelião ocorrida na Casa de Detenção de São Paulo em 2.10.92:

1.1. Cópia de 111 laudos necroscópicos;

História de um massacre

1.2. Cópia de 106 laudos de lesão corporal;

1.3. Boletim contendo os dados estatísticos relativos aos laudos necroscópicos.

Todos esses documentos foram elaborados pelo Instituto Médico-Legal de São Paulo.

2. Análise dos dados fornecidos

2.1. Lesão corporal

2.1.1. Agentes vulnerantes

Os 106 laudos de lesões corporais referem-se aos detentos vivos que foram examinados pelo Instituto Médico-Legal de São Paulo. Esses laudos mostram a seguinte distribuição quanto ao tipo de agentes causadores das lesões:

— contundente: 74 casos

— pérfuro-contundente: 13 casos

— cortante: 2 casos

— corto-contundente: 2 casos

— pérfuro-cortante: 3 casos

— térmico (calor): 1 caso

Em 11 casos não foram encontradas lesões, devendo ser ressalvado que a perícia das vítimas foi realizada de 11 a 13 dias após a rebelião na Casa de Detenção.

Dos 13 casos de lesão por agente pérfuro-contundente, 9 foram por mordida de cão e 4 por projétil de arma de fogo.

Em um dos casos de lesão por instrumento cortante, a vítima referiu ter caído sobre fragmentos de vidro. Nos demais casos de instrumento cortante e nos de pérfuro-cortante, as vítimas alegaram terem sido agredidas por arma branca.

2.1.2. Gravidade das Lesões

Quanto à gravidade das lesões temos:

lesão grave: 2 casos

lesão leve: 85 casos

dependente de exame complementar: 8 casos

sem lesão: 11 casos

2.2. Exame necroscópico

2.2.1. Causa da morte

Os laudos necroscópicos que recebemos referem-se aos corpos de 111 detentos que foram examinados nos necrotérios do IML/SP.

Esses laudos assinalam as seguintes causas de morte:

— hemorragia interna aguda traumática: 40 casos

— traumatismo crânio-encefálico: 30 casos

— traumatismo crânio-encefálico + hemorragia interna aguda: 27 casos

— choque traumático: 9 casos

— politraumatismo: 1 caso

— hemorragia interna aguda traumática + pneumotórax: 1 caso

— anemia aguda traumática: 1 caso

— traumatismo raqui-medular + hemorragia interna aguda traumática: 1 caso

— lesão de medula cervical: 1 caso

2.2.2. Agentes vulnerantes

Os tipos de agente vulnerante que deram causa à morte dos 111 detentos, segundo os laudos necroscópicos, foram os seguintes:

— pérfuro-contundente: 102 casos

— pérfuro-cortante: 13 casos

— contundente: 1 caso

Em um desses casos houve associação entre instrumento pérfuro-cortante e contundente e em 4, associação entre pérfuro--contundente e pérfuro-cortante.

2.2.3. Distribuição das lesões por projétil de arma de fogo

A distribuição das lesões produzidas por arma de fogo, segundo o segmento corpóreo, de acordo com os dados estatísticos do IML, foi a seguinte:

2.2.3.1. Cabeça

A cabeça foi atingida por 126 projéteis, dos quais 89 lesaram as regiões anteriores.

2.2.3.2. Pescoço

Trinta e um disparos atingiram o pescoço, sendo 20 na região anterior.

2.2.3.3. Tronco

O tronco foi atingido por 223 projéteis, sendo 116 na face anterior do tórax.

2.2.3.4. Membros superiores

Os membros foram atingidos por 58 disparos, dos quais 3 lesaram as mãos.

2.2.3.5. Membros inferiores

Setenta e sete projéteis atingiram os membros inferiores.

2.2.4. Total de disparos que atingiram as vítimas fatais

De acordo com os dados acima, 515 disparos lesaram as vítimas fatais, sendo 339 na face anterior do corpo e 176 na posterior.

Desse total, 254 disparos atingiram o tronco e o pescoço, 126 a cabeça e 135 os membros.

2.2.5. Número de disparos que atingiram cada vítima fatal

O documento do Instituto Médico-Legal de São Paulo com a estatística global informa os seguintes dados quanto ao número de disparos que atingiram cada vítima fatal:

— 2 detentos receberam 1 disparo

— 16 detentos receberam 2 disparos

— 17 detentos receberam 3 disparos

— 19 detentos receberam 4 disparos

— 19 detentos receberam 5 disparos

— 12 detentos receberam 6 disparos

— 7 detentos receberam 7 disparos

— 5 detentos receberam 8 disparos

— 3 detentos receberam 9 disparos

— 3 detentos receberam 13 disparos

— 1 detento recebeu 16 disparos.

2.2.6. Distância dos disparos

Em dois laudos de exame necroscópico foi consignado o achado de zona de tatuagem e esfumaçamento, denotando disparo a curta distância. Nos dois casos, as vítimas foram atingidas por vários disparos, sendo que em uma delas o tiro a curta distância foi na região frontal esquerda e na outra foi na região escapular esquerda.

2.2.7. Distribuição das lesões por arma branca

As informações coligidas na descrição dos laudos necroscópicos mostram a seguinte distribuição das lesões nas 8 vítimas vulneradas exclusivamente por arma branca:

2.2.7.1. Cabeça

Seis lesões, sendo 5 anteriores e uma posterior.

2.2.7.2. Pescoço

Doze lesões cervicais, sendo 8 anteriores e 4 posteriores.

Um caso, não contabilizado acima, apresentava múltiplas lesões pérfuro-incisas na região cervical anterior.

Em um dos casos, a lesão, na face ântero-lateral do pescoço, era do tipo esgorjamento.

2.2.7.3. Tronco

Quarenta e seis lesões no tronco, sendo 17 anteriormente e 29 na face posterior. Do total, 34 lesões situavam-se no tórax.

2.2.7.4. Membros

Duas lesões nos membros, sendo que as mesmas atingiram os superiores, não tendo sido encontrados ferimentos por arma branca nos inferiores.

3. Considerações sobre a documentação que nos foi enviada

Não nos deteremos sobre a qualidade dos laudos médico-legais que nos foram enviados, pelas seguintes razões:

1º) Embora sucintos, não denotam falhas relevantes em sua estrutura;

2º) Não tendo participado das necrópsias, faltam-nos, obviamente, elementos para qualquer assertiva quanto à sua validade.

Observação: algumas divergências notadas no levantamento estatístico do IML, em relação aos dados dos laudos necroscópicos, não interferiram nas nossas interpretações e conclusões.

4. Conclusões

4.1. Qualquer assertiva quanto à dinâmica dos eventos de que resultaram as mortes e as lesões corporais, apenas com os dados de que dispomos, seria temerária.

4.2. Considerando:

1º) o número de disparos por indivíduo morto — dos 111 mortos, 93 receberam 3 ou mais disparos e, destes, 57 foram atingidos por 5 ou mais projéteis;

2º) o número de disparos na cabeça e tórax, em relação ao porcentual de área corporal que esses segmentos representam — chama a atenção que dos 515 disparos encontrados no total de cadáveres, 126 atingiram a cabeça e 116 a face anterior do tórax, resultando que 46,9% dos projéteis se concentraram nessas áreas;

3º) que, segundo os dados mencionados, 111 é o total de mortos e 106 o de feridos não mortais, totalizando 217 vítimas;

4º) que, dos feridos não fatais, a minoria (4 detentos) foi atingida por projéteis de arma de fogo;

5º) que, dos 111 mortos, em 102 casos o instrumento preponderante foi projétil de arma de fogo;

6º) que, das 106 vítimas atingidas por arma de fogo, 102 faleceram;

7º) que, do total de 217 vítimas, 17 sofreram lesões por arma branca, sendo que destas, 13 morreram (76,5%);

8º) que, das lesões por arma branca encontradas nessas 17 vítimas, a grande maioria se localizou no pescoço e tórax, resultando que 69,7% delas se concentraram nessas áreas.

Infere-se que:

A) as pessoas atingidas por projéteis de arma de fogo, em sua quase totalidade (96,2%), morreram, sendo que o total de mortes também se deveu, quase todo (91,8%), aos disparos de arma de fogo, o que:

I — demonstra a conexão dos disparos com os óbitos — isto é, o grande número de mortes no evento (rebelião na Casa de Detenção de São Paulo) se deveu ao uso de arma de fogo como instrumento vulnerante.

II — sugere a intencionalidade de se produzirem as mortes.

B) a alta concentração de lesões por arma branca em regiões reconhecidamente vitais e o alto porcentual de mortes entre as vítimas, sugerem, igualmente, a intencionalidade de se produzirem os óbitos.

Este é o nosso parecer, rigorosamente louvado nos dados de que dispusemos, até o momento.

Colocamo-nos ao inteiro dispor de V. Excia., para outros esclarecimentos ao nosso alcance que se fizerem necessários.

Sem mais, para o momento, subscrevemo-nos,

Atenciosamente.

São Paulo, 27 de novembro de 1992.

Prof. Dr. Marco Segre

Chefe do Departamento

Prof. Dr. Daniel Romero Muñoz

Dr. Carlos Alberto Souza Coelho

Dr. Juarez Oscar Montanaro

Dr. Mário Jorge Tsuchiya

Dr. Renato De Macedo Pereira

Dr. Sérgio Belmiro Acquesta

Anexo 5

Balística — gráficos e tabelas

Mortes na Casa de Detenção durante a rebelião de 2/10/1992

Número de disparos atingidos por indivíduos

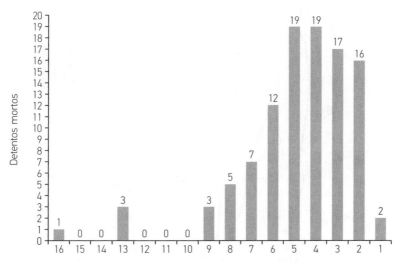

Número de disparos

Disparos que atingiram a região anterior do corpo

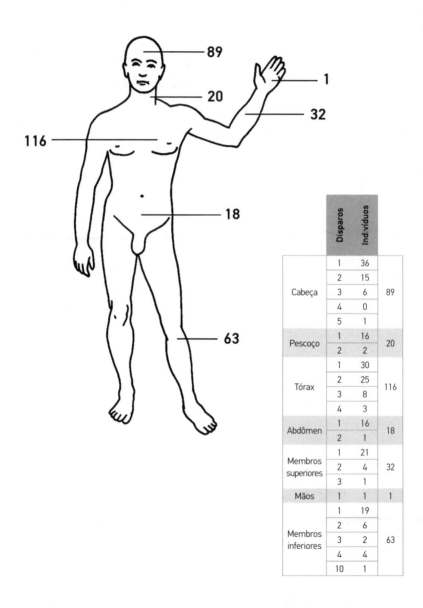

História de um massacre 149

Disparos que atingiram a região dorsal do corpo

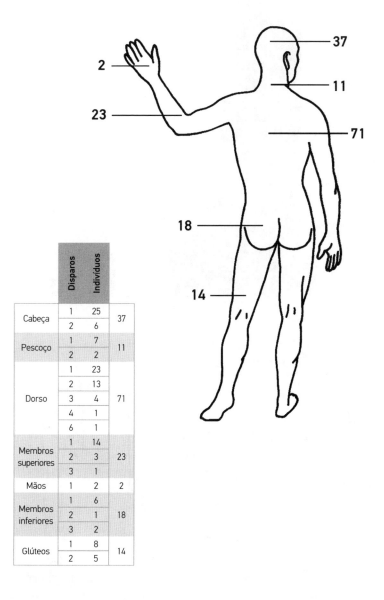

	Disparos	Indivíduos	
Cabeça	1	25	37
	2	6	
Pescoço	1	7	11
	2	2	
Dorso	1	23	71
	2	13	
	3	4	
	4	1	
	6	1	
Membros superiores	1	14	23
	2	3	
	3	1	
Mãos	1	2	2
Membros inferiores	1	6	18
	2	1	
	3	2	
Glúteos	1	8	14
	2	5	

Número de projéteis que atingiram cada detento

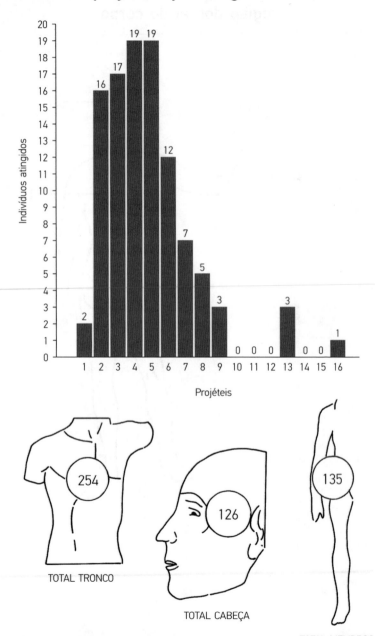

História de um massacre 151

Esquema balístico — regiões atingidas
(percentuais sobre total de disparos)

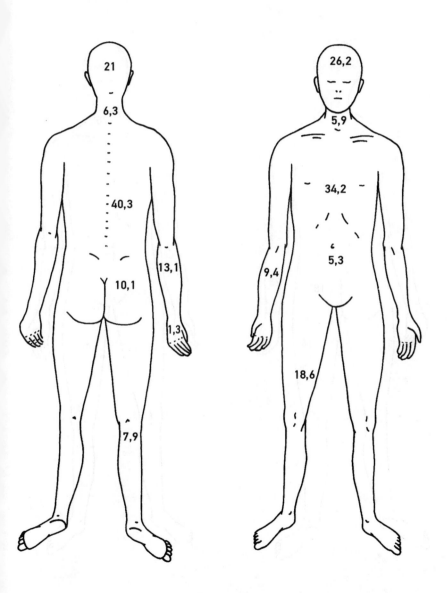

Esquema balístico — total de disparos por regiões

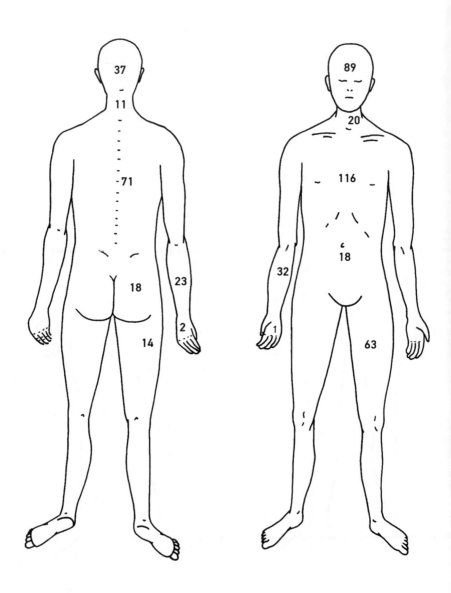

Noventa cadáveres no segundo pavimento do Pavilhão 9.
(p. 61 do laudo elaborado pelo Departamento Estadual de Polícia Científica)

Cela 9383-E: perfurações no mezanino do beliche.
(p. 133 do laudo elaborado pelo Departamento Estadual de Polícia Científica)

Cela 9383-E: cavidades situadas ao fundo indicam disparos do centro da cela para cima e para frente.
(p. 132 do laudo elaborado pelo Departamento Estadual de Polícia Científica)

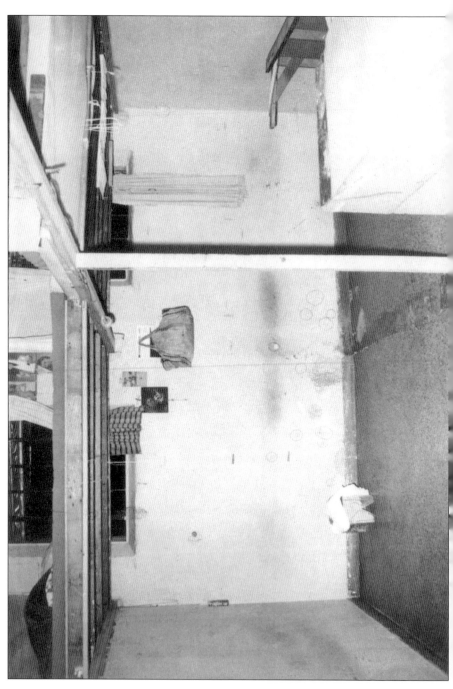

Cela 9375-E: vestígios de impacto de projéteis. Note-se sua baixa altura, indicando que o alvo estaria próximo do solo.
(p. 114 do laudo elaborado pelo Departamento Estadual de Polícia Científica)

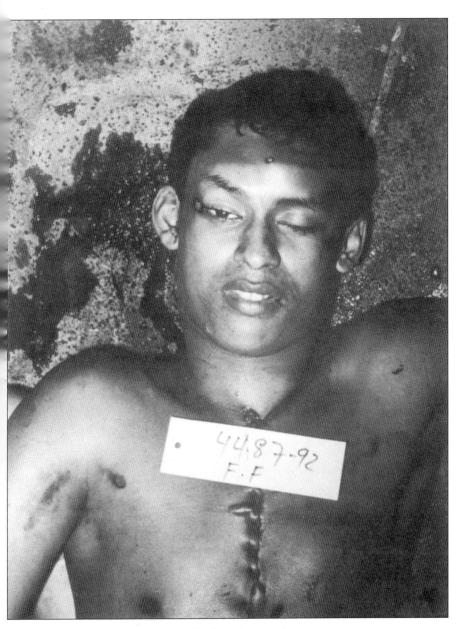

Foto de um detento morto com indicação de lesões na cabeça.
(p. 234 do laudo elaborado pelo Departamento Estadual de Polícia Científica)

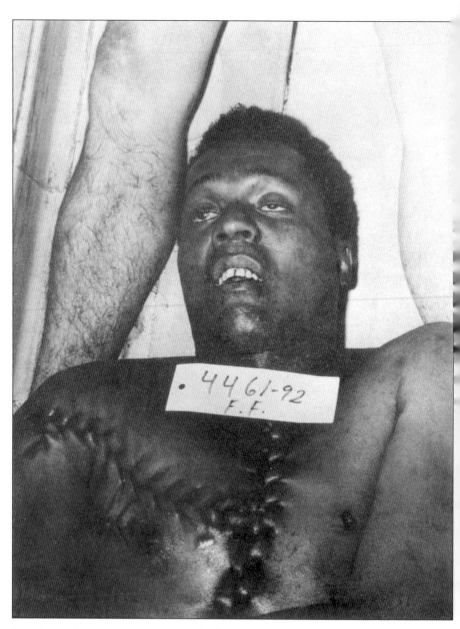

Foto de um detento morto com indicação de lesões no tórax.
(p. 224 do laudo elaborado pelo Departamento Estadual de Polícia Científica)

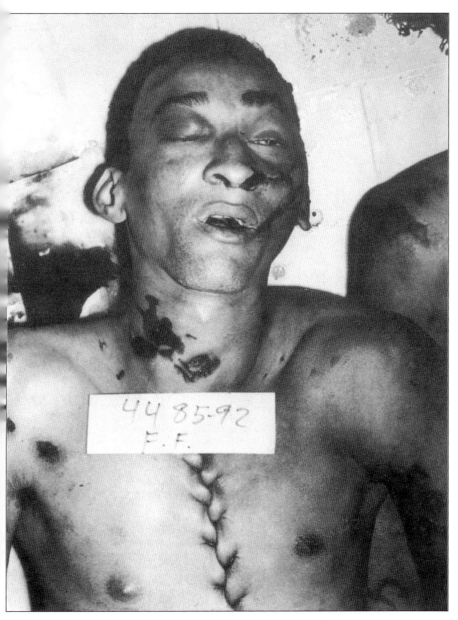

Foto de um detento morto com indicação de lesões nos membros superiores.
(p. 234 do laudo elaborado pelo Departamento Estadual de Polícia Científica)

Cela 9512-E: cavidades na parede, indicando disparos em rajada.
(p. 146 do laudo elaborado pelo Departamento Estadual de Polícia Científica)

Anexo 6

Conclusão do laudo do Instituto de Criminalística do Departamento Estadual de Polícia Científica

Os elementos técnico-científicos coletados ao longo dos exames periciais realizados no Pavilhão 9 da Casa de Detenção Professor Flamínio Fávero de São Paulo, permitem aos peritos inferir que:

1. Em todas as celas examinadas, as trajetórias dos projéteis disparados indicavam atirador(es) posicionado(s) na soleira da respectiva porta, apontando sua arma para os fundos ou laterais; especificamente no X 9383-E foram obtidas duas posições opostas de disparo em rajada, mas não denotavam confronto (não havia trajetórias de mesma linha em sentidos opostos);

2. Não se observou quaisquer vestígios que pudessem denotar disparos de arma de fogo realizados em sentidos opostos aos descritos, indicando confronto entre as vítimas-alvo e os atiradores postados na parte anterior da cela;

3. Pelos vestígios analisados no levantamento inicial ficou demonstrado que quando do início da operação policial militar o tumulto era generalizado, com a carceragem central em chamas, ocorrência de explosões e o uso de armas por mais de cem detentos, conforme material exibido no Capítulo 1 deste laudo;

4. Cumpre, finalmente, consignar que:

a) dada a posição dos atiradores e dos respectivos alvos, pode-se inferir que o propósito principal da operação policial militar foi o de conduzir parte dos detentos à incapacitação imediata;

b) ficou evidente que a referida operação foi dirigida contra grupos de reação perseguidos pelos policiais — haja vista que diversas celas, inclusive do terceiro pavimento, ficaram intactas e seus ocupantes incólumes.

CONSIDERAÇÕES FINAIS

É imperioso deixar consignado que todo um somatório de conclusões a respeito do evento, bem como mais profundos pormenores, deixam de ser apresentados neste laudo, em virtude do fato de que *o local dava nítidas demonstrações de que fora violado*, tornando-se inidôneo para a perícia. Ora, além dos fatos já expostos, veja-se por exemplo o seguinte: embora tenha o perito estabelecido relações de correspondência entre cavidades nas paredes e projéteis de arma de fogo que as produziram (automáticas ou semiautomáticas), nem mesmo um único projétil ou estojo vazio foi encontrado no local. Logo depreende-se que os princípios jurídicos dispostos no artigo 6°, inc. 1, combinado com o artigo 169 do C.P.P. não foram respeitados.

Era o que havia a relatar.

Este laudo foi redigido pelo primeiro signatário a quem coube a realização desses exames; após o que conferenciou com o seu colega o segundo signatário que nada teve a objetar. Dele fica arquivada cópia a carbono assinada e rubricada. Ilustram-no 102 fotografias assinadas e rubricadas e correspondentes desenhos esquemáticos.

São Paulo, 3 de novembro de 1992.

Dr. Oswaldo Negrini Neto

Perito criminal

Diretor técnico do Serviço de Perícias Especializadas

José Barth

Anexo 7

Esquemas de lesões elaborados pelo
Instituto Médico-Legal do Departamento
Estadual de Polícia Científica*

Esquema das lesões encontradas no exame de corpo de delito do cadáver do detento Nivaldo Aparecido Marques

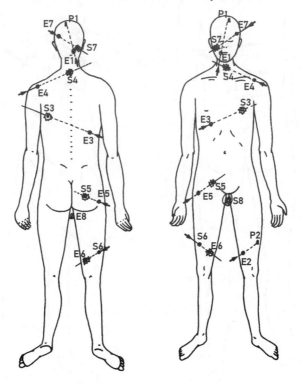

- Orifício de entrada de projétil de arma de fogo
- Orifício de saída de projétil de arma de fogo
- Projétil recuperado

---

* Parte dos laudos necroscópicos emitidos pelo Instituto Médico-Legal.

Esquema das lesões encontradas no exame de corpo de delito do cadáver de Nivaldo de Jesus Santos

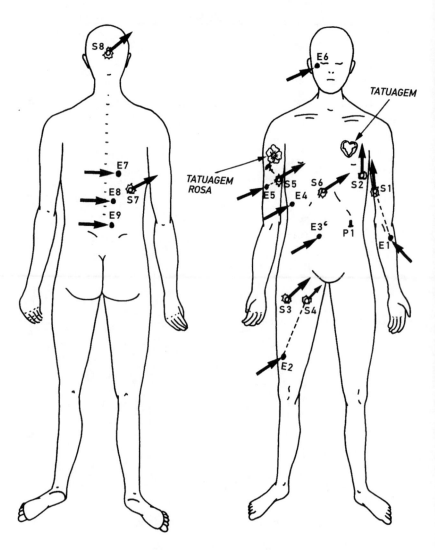

- ● Orifício de entrada de projétil de arma de fogo
- ☼ Orifício de saída de projétil de arma de fogo
- 🔫 Projétil recuperado

História de um massacre

Esquema das lesões encontradas no exame de corpo de delito do cadáver do detento Cosmo Alberto dos Santos

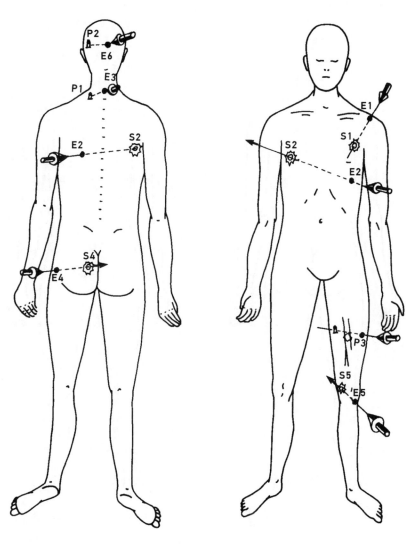

- ● Orifício de entrada de projétil de arma de fogo
- ☼ Orifício de saída de projétil de arma de fogo
- ▮ Projétil retirado

Esquema das lesões encontradas no exame de corpo de delito do cadáver do detento José Martins Vieira Rodrigues

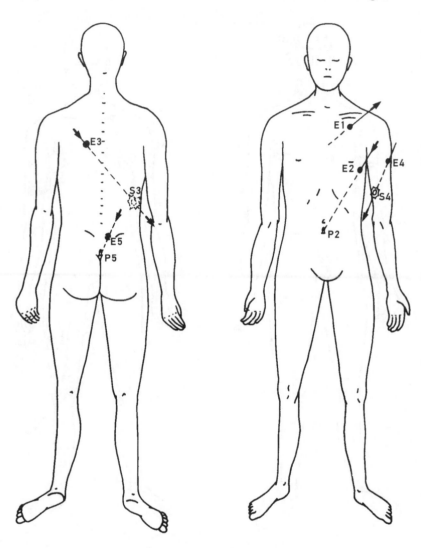

- ● Orifício de entrada de projétil de arma de fogo
- ☼ Orifício de saída de projétil de arma de fogo
- ▌ Projétil recuperado

Esquema das lesões encontradas no exame de corpo de delito do cadáver do detento José Carlos Clementino da Silva

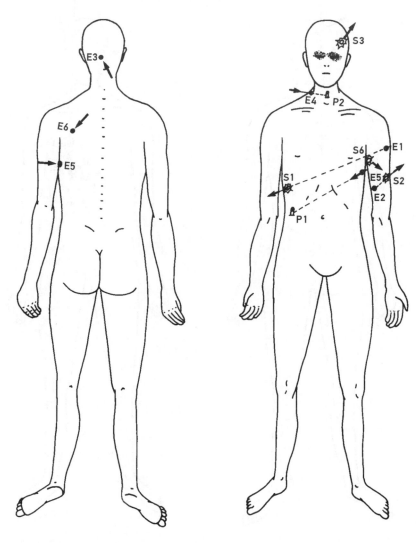

- ● Orifício de entrada de projétil de arma de fogo
- ☼ Orifício de saída de projétil de arma de fogo
- ▮ Projétil recuperado
- ▬ Hematomas

Esquema de lesões encontradas no exame de corpo de delito do cadáver do detento José Jaime Costa da Silva

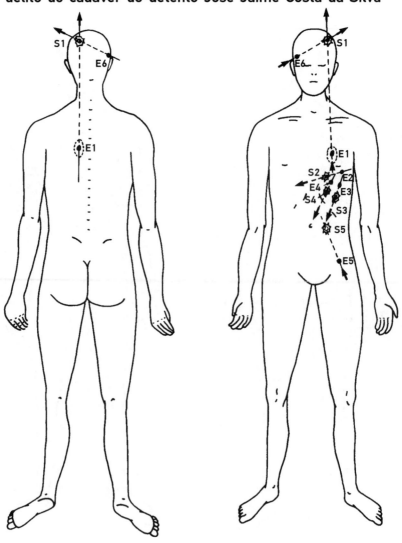

- ◉ Orifício de entrada de projétil de arma de fogo a curta distância
- ● Orifício de entrada de projétil de arma de fogo
- ☼ Orifício de saída de projétil de arma de fogo

Esquema das lesões encontradas no exame de corpo de delito do cadáver do detento Paulo César Moreira

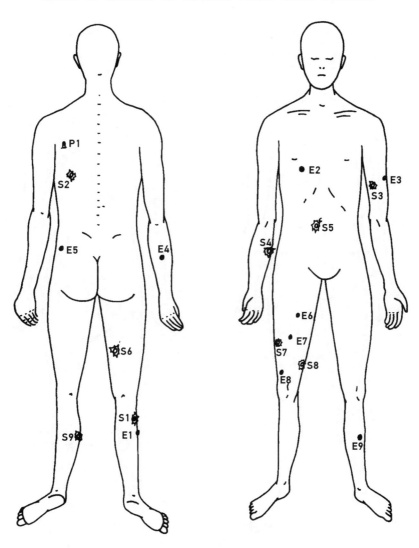

- Orifício de entrada de projétil de arma de fogo
- Orifício de saída de projétil de arma de fogo
- Projétil recuperado

Esquema das lesões encontradas no exame de corpo de delito do cadáver do detento Claúdio José de Carvalho

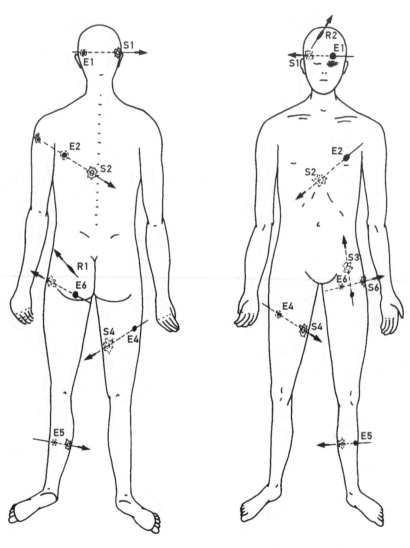

- ● Orifício de entrada de projétil de arma de fogo
- ☼ Orifício de saída de projétil de arma de fogo
- ❢ Tiro de raspão
- ▪ Hematomas

Anexo 8

Tabela elaborada pela Universidade Estadual de Campinas

Quantidade de lesões: tiro por região — mortos

Região	Lado	Anterior	Posterior	Total
	Direita	40	21	61
Cabeça	Esquerda	36	14	50
	Total	76	35	111
	Direita	7	1	8
Pescoço	Esquerda	7	6	13
	Total	14	7	21
	Direita	41	17	58
Tronco	Esquerda	64	30	91
	Total	105	47	152
	Direita	5	2	7
Abdômen	Esquerda	3	2	5
	Total	8	4	12
	Direita	15	11	26
Membro superior	Esquerda	21	19	40
	Total	36	30	66
	Direita	20	32	52
Membro inferior	Esquerda	25	12	37
	Total	45	44	89
TOTAIS		284	167	451

Anexo 9

Informações constantes do Parecer elaborado pela Universidade Estadual de Campinas

Pode-se inferir, pela análise dos indícios e provas materiais como perícia do local e fotos que:

1º — Houve o motim com briga entre os presos, vários deles sendo feridos e outros mortos.

2º — Houve a rebelião com domínio pelos presos de boa parte do pavilhão 9, onde atearam fogo em compartimentos da administração, almoxarifado, etc.

3º — Houve o confronto com a Polícia Militar, a ponto de armarem barricadas, bem documentadas pela perícia do local. Deste confronto, resultou a ação policial, que deveria ter, no *primeiro momento*, a finalidade de imobilizar ou incapacitar imediatamente os detentos. Tal como consta no laudo pericial, esta primeira ação não conseguiu debelar a rebelião, em função de estarem os presos armados com facas, estiletes improvisados e alguns com armas de fogo.* Ocorreu, então, o *segundo momento*, onde a polícia atirou contra os detentos, atingindo-os em áreas *predominantemente vitais*. As marcas deixadas nas paredes dos saguões e corredores revelam que os disparos *não foram efetuados somente para assustar, ou intimidar*, pois as direções e as marcas deixadas pelos projéteis estão concentradas, segundo informações do laudo pericial, entre 1 a 1,70 metro de altura do chão.

---

* A informação inicial sobre o porte de armas de fogo pelos presos ficou totalmente afastada pelo conjunto das provas e, em especial, pelo laudo do Instituto de Criminalística.

Anexo 10

Relação dos oficiais que participaram da operação que redundou no massacre da Casa de Detenção

Cel. PM 21735-2 Ubiratan Guimarães

Cel. PM 30640-1 Wilton Brandão Parreira Filho

Ten. Cel. PM 25955-1 Edson Faroro

Ten. Cel. PM 36147-0 Antonio Chiari

Ten. Cel. PM 36155-A Luiz Nakaharada

Major PM 104-0 José Soares Coutinho

Major PM 2936-0 Sílvio Raymundi

Major PM 36011-2 Gerson dos Santos Rezende

Major PM 37194-7 Rail de Mendonça Junior

Cap. PM 6263-4 Valter Alves de Mendonça

Cap. PM 3205-A Sílvio Roberto Villar Dias

Cap. PM 6287-1 Wanderley Mascarenhas de Souza

Cap. PM 15881-1 Arivaldo Sérgio Salgado

Cap. PM 41820-0 Dorival Albes de Lima

Cap. PM 47081-3 Conrado Milton Zacara Junior

Cap. PM 49931-5 Cleodir Fioravante Nardo

Cap. PM 84319-9 Marcos Cabral Marinho de Moura

Cap. PM 90319-1 Raimundo Silva Filho

Cap. PM 771263-4 Ronaldo Ribeiro dos Santos

1º Ten. PM 771818-7 Carlos Botelho Lourenço

1º Ten. PM 780469-5 Jorge Augusto Leme

1º Ten. PM 790570-0 Eduardo Esposito

1º Ten. PM 810326-7 Armando da Silva Moreira

1º Ten. PM 810329-1 Carlos Alberto dos Santos

1º Ten. PM 810332-1 Eder Franco D'Avilla

1º Ten. PM 811754-3 Aércio Dornelas Santos

1º Ten. PM 822224-0 Antonio Cláudio Galindo

1º Ten. PM 822256-8 Nivaldo César Restivo

1º Ten. PM 822409-9 Salvador Modesto Madia

1º Ten. PM 822413-7 Sérgio de Souza Merlo

1º Ten. PM 830562-5 Walmir Corrêa Leite

1º Ten. PM 840877-7 Ernesto Puglia Neto

1º Ten. PM 840917-0 Raul Santo de Oliveira

1º Ten. PM 840937-4 William Roberto Rodrigues

1º Ten. PM 841398-3 Marcelo de Oliveira Cardoso

1º Ten. PM 851966-8 José de Siqueira Alves

1º Ten. PM 851971-4 Leandro Pavani Agostini

1º Ten. PM 851973-4 Luiz Carlos Pereira Martins

1º Ten. PM 851982-0 Maurício Marchese Rodrigues

1º Ten. PM 851996-0 Walter Fernandes de Oliveira Junior

1º Ten. PM 852027-5 Cláudio César Oliveira

1º Ten. PM 852054-2 Hideo Augusto Dendini

1º Ten. PM 852077-1 Luiz Roberto Miranda Junior

1º Ten. PM 852082-8 Marcelo Gonzales Marques

1º Ten. PM 852114-0 Rogério Ramos Batista

1º Ten. PM 883533-A Márcio Streifinger

2º Ten. PM 35641-7 Eduardo Leib de Albuquerque

2º Ten. PM 42557-5 Paulo Benedito da Silva Filho

2º Ten. PM 862744-4 Alexandre Atala Bondezan

2º Ten. PM 862780-A Fernando César Lorencini

2º Ten. PM 862789-4 Jackson Dorta de Toledo

2º Ten. PM 884189-6 Pedro Augusto Martins Ribeiro